D1746281

HELP MY

Bilder
vom belagerten
Leben

mit Texten von
Friedhelm Brebeck
und Fotografien von
Ursula Meissner

Sarajevo
1992 - 1996

Nema vode.
Nema struje.
Nema plina.
Nema droge.
Nema hrane.
Nema nista.

Ali imam tajni plan.

Ich habe kein Wasser.
Ich habe keinen Strom.
Ich habe kein Gas.
Ich habe keine Medikamente.
Ich habe keine Lebensmittel.
Ich habe nichts.

Aber ich habe einen geheimen Plan.

Ruinen-Graffiti in Sarajevo.
Später eine T-Shirt- Erinnerung des britischen UN PRO FOR-Bataillons.

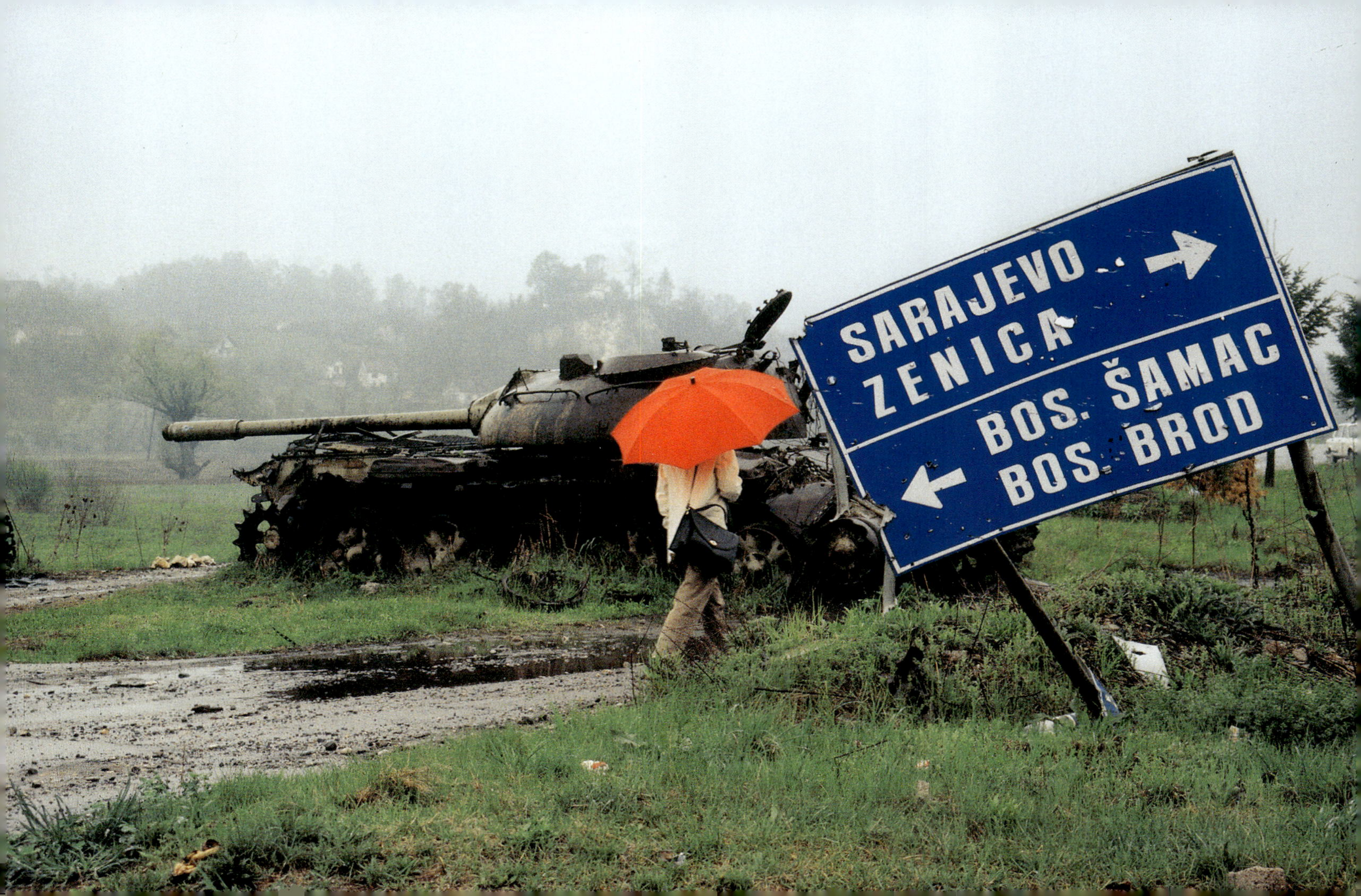
SARAJEVO
ZENICA
BOS. ŠAMAC
BOS. BROD

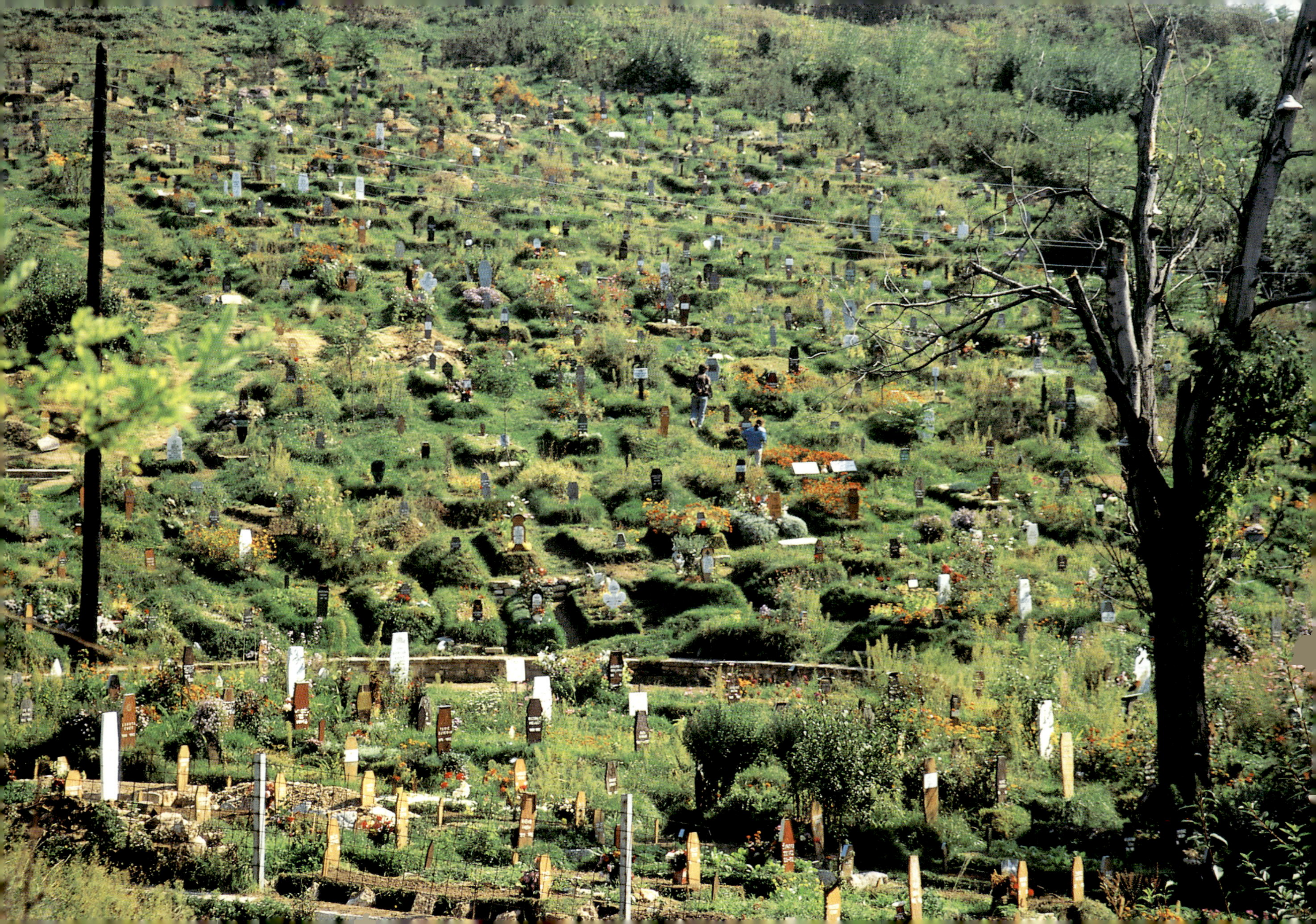

Ilidja. Im Westen von Sarajevo.
Ein Vorort mit Vororten mit Vordörfern.

An die 68000 Menschen im Frieden und 43 Prozent waren Moslem und jeder zehnte war Kroate und jetzt ist der Krieg ein paar siegsichere Monate jung und Ilidja eine rein serbische Frontstadt gegen Sarajevo.

Die Nachrichten vom Tod auf der Straße oder in den Kampfgräben werden serbischorthodox an Bäume und Hauswände geleimt. Überdröhnt von den UN-Friedenstruppen und der UNO-Hilfe für alle.

Zehn oder zwanzig am Tag.

Wenn sie nicht beschossen

Kontrolliert von ukrainischen UN-Panzern, die alles bewegen, was Geld bringt.

Ein geschmuggeltes Leben aus Sarajevo kostet drei- bis fünftausend Mark. Mitten durch die Kampfgräben auf dreißig oder hundert Meter.

Ilidja 1992: auch eine Grenzstadt zur selbsternannten serbischen Republik in Bosnien.

Sarajevo.
Dreihundertachtzigtausend Menschen
und leere Supermärkte.

Aber jeden Tag gehen die Alten und die
Frauen rein und hoffen und machen
ihren geregelten Gang bis zur Kasse ohne
Strom:
„Bitte benutzen Sie die Einkaufskörbe."

Warnung!
Liebe Kunden: Bitte melden Sie die Ware die Sie außerhalb des Ladens gekauft haben, unserem Personal.

Eine serbische Stellung über Sarajevo.
Der Scharfschütze oben rechts:

„Wir sehen alles. Und ich treffe alles.
Die Internationale Presse wohnt im
Holiday Inn. In welchem Zimmer sind
Sie?"

Gorana. Sieben Jahre.
Eine sandsack-geborgene bosnische
Kindheit.

Die Schule zerstört oder Kaserne.

Wohnzimmer werden zu privaten
Lerngemeinschaften mit einer
arbeitslosen Lehrerin. Zehn Mark im
Monat: „Was wißt Ihr von unserer
schönen bosnischen Heimat?"

Die Mädchen im Waisenhaus stehlen das
Überleben zusammen und verstopfen
ihre Menstruationen mit Tüchern
und da kriegen Kinder
auch Kinder von Kindern.

Gorana hat noch drei Jahre Krieg zu
leben:
„Duckt euch.
Hier sind Scharfschützen."

Dobrinja:
Olympisches Dorf und Pressestadt
für die Winterspiele Sarajevo '84.

Danach ein begehrtes sozialistisches
Vorzeige-Wohnen für 45000 Menschen.

Im April '92 wird Dobrinja blutige urbane
Front :
Vier hoffnungslose Monate einge-
schlossen und noch lange nur über eine
immer wieder tödliche Straße zu
erreichen.
Zwischen Barrikaden aus aufgetürmten
Autotrümmern.

Drei Jahre lang werden die Toten auf den
Spielwiesen vor den Häusern begraben.

Nach einem halben Jahr Krieg in Jeans
und Turnschuhen: Die ersten
militärischen Strukturen.
Wehrpflicht von achtzehn bis sechzig.
Frauen bis fünfundfünfzig.
Drei Monate Ausbildung in den Hügeln
über der Stadt.

Keine Dienstgrade, nur Kommandanten.

Vier Mark im Monat und für jeden Tag
in der ersten Kampflinie zwanzig
Zigaretten.

Die Standesämter sind von
Kriegs-Trauungen überlaufen.
Es gibt sechzehnjährige Witwen.

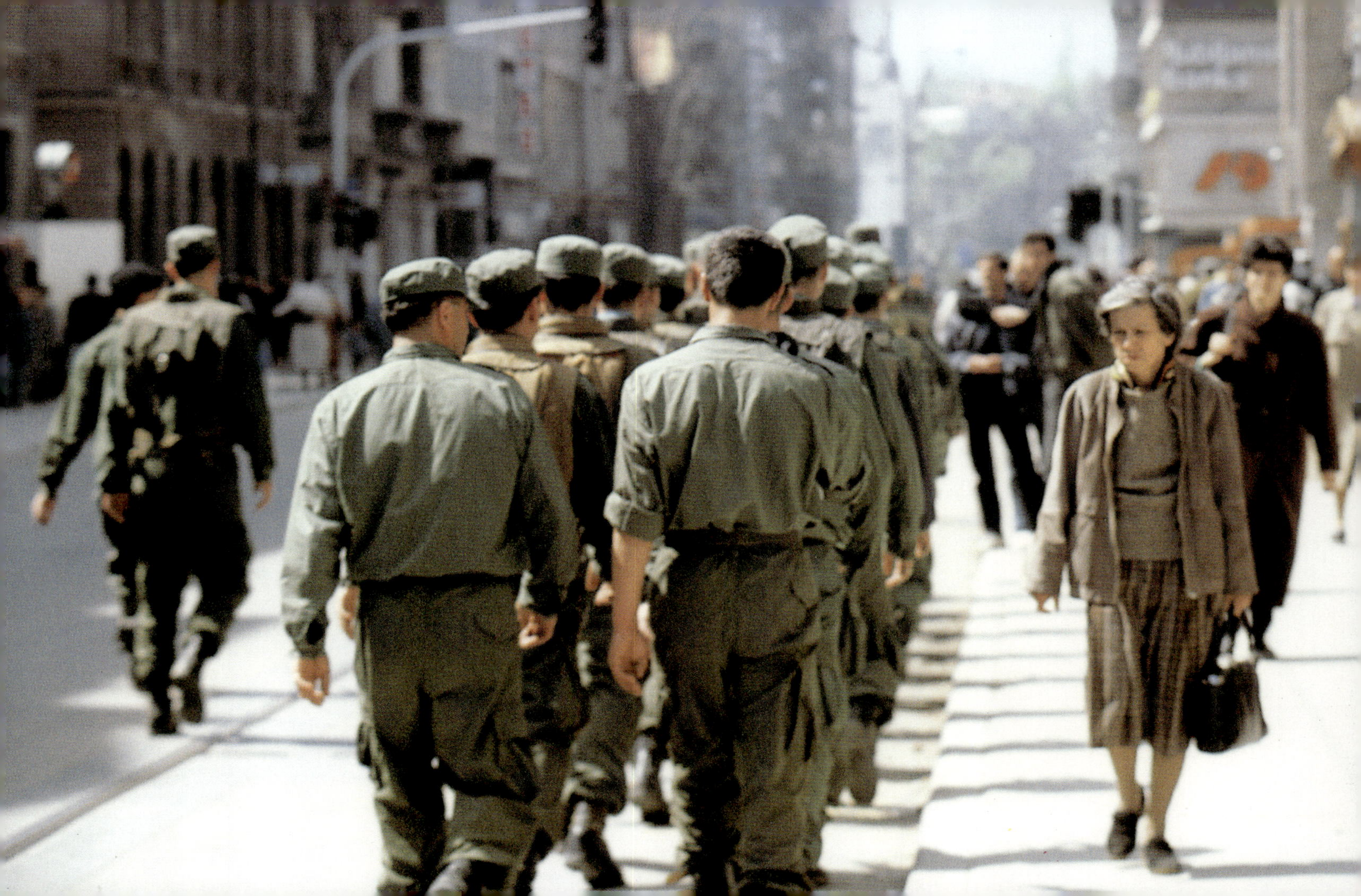

Die Prosektur:
Das Leichenhaus im Koševo-Krankenhaus.

Tage, an denen der kaltweiß gekachelte Boden zu eng wird für die vielen Toten.

Dann werden auch die blutigen Bahren nicht mehr gereinigt.

Zu viele zerrissene Menschen.

Am Ende und offiziell sind es in Sarajevo 10618 Tote.

Davon 1602 Kinder.

Und 61136 Verletzte mit 14953 Kindern.

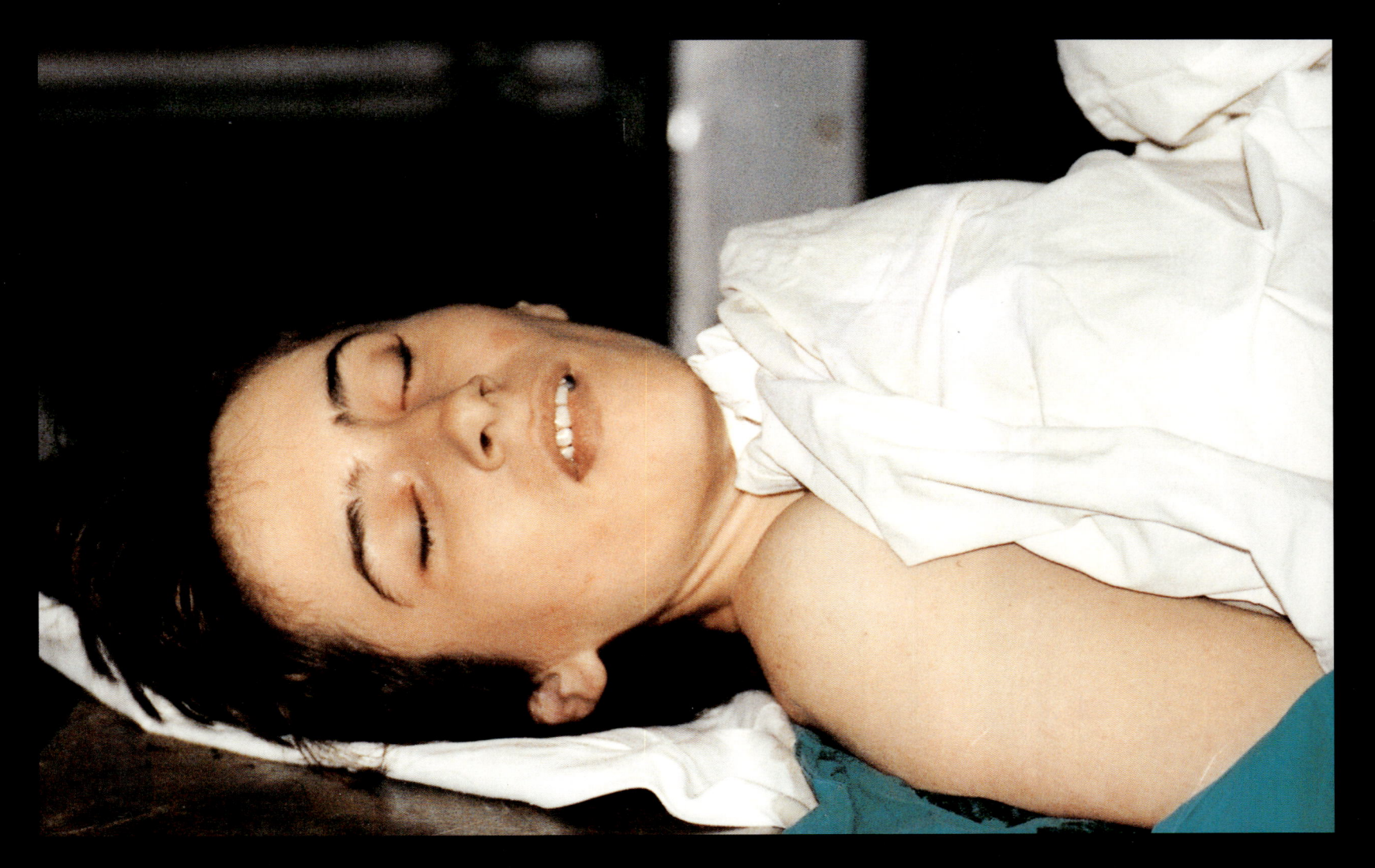

Amra. Sechzehn Jahre. Auf dem Schulweg von einem Scharfschützen erschossen. Ihre Eltern wissen noch nichts.

Alija ist gefallen.

Keine Verwandten.
Nur die Freunde.

Der Kommandant sagt:
„war eine Nacht-Patrouille.
Routine, wie jede Nacht."

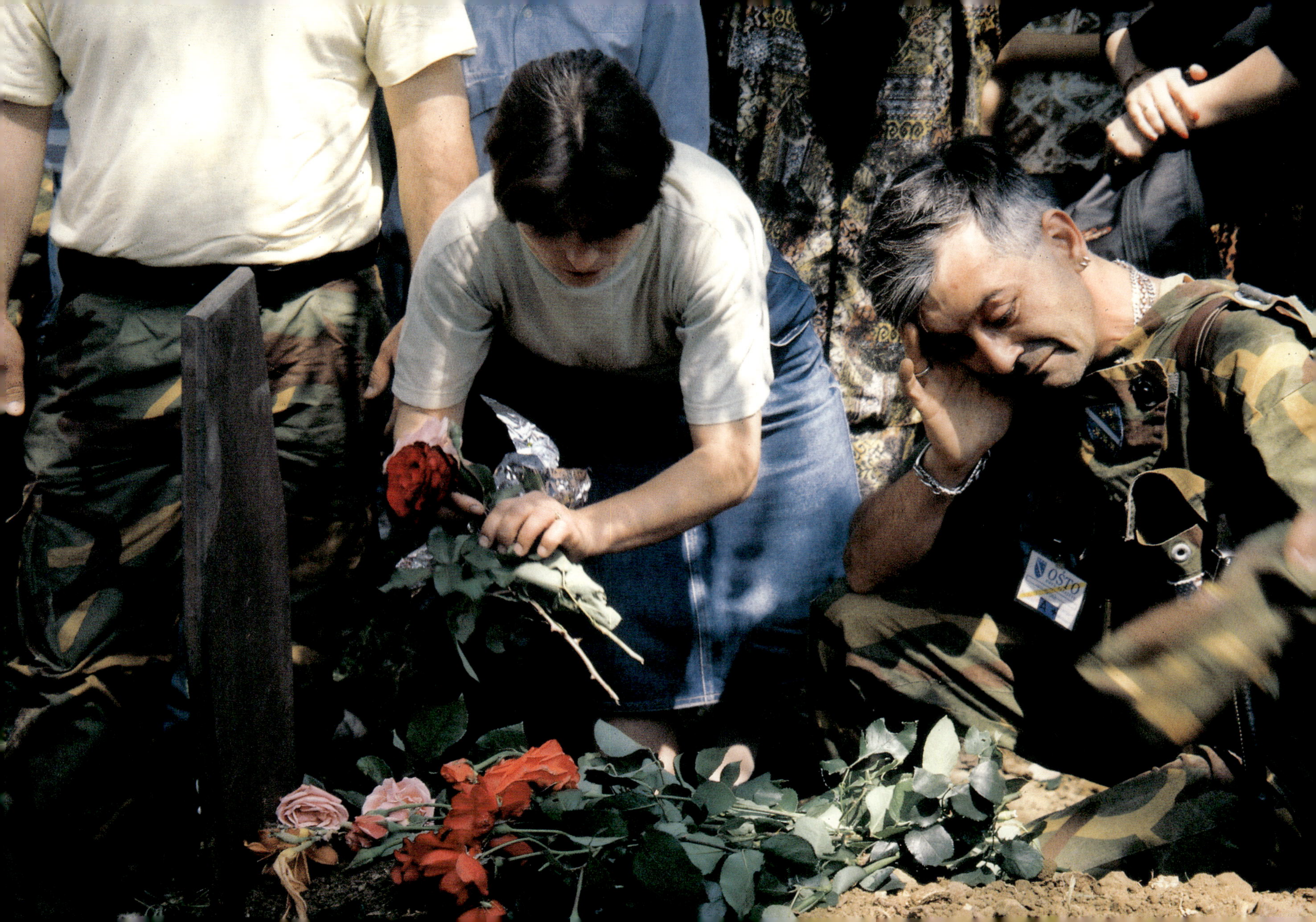
OŠTO

Die Familie Bakalović ist in den Keller gezogen.

Das Haus liegt im täglichen Granaten-Bereich.

„Man sitzt jetzt mehr als früher."

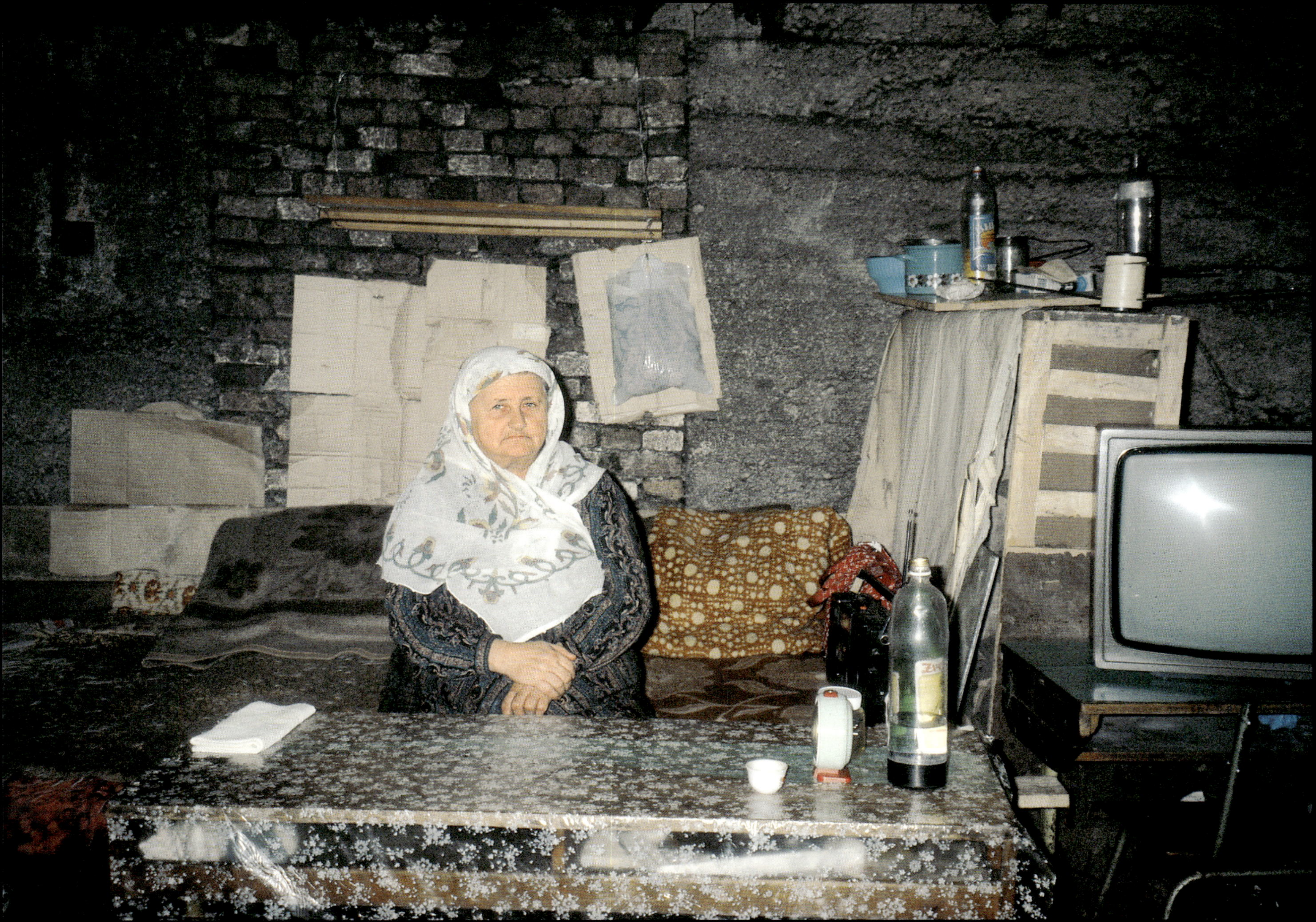

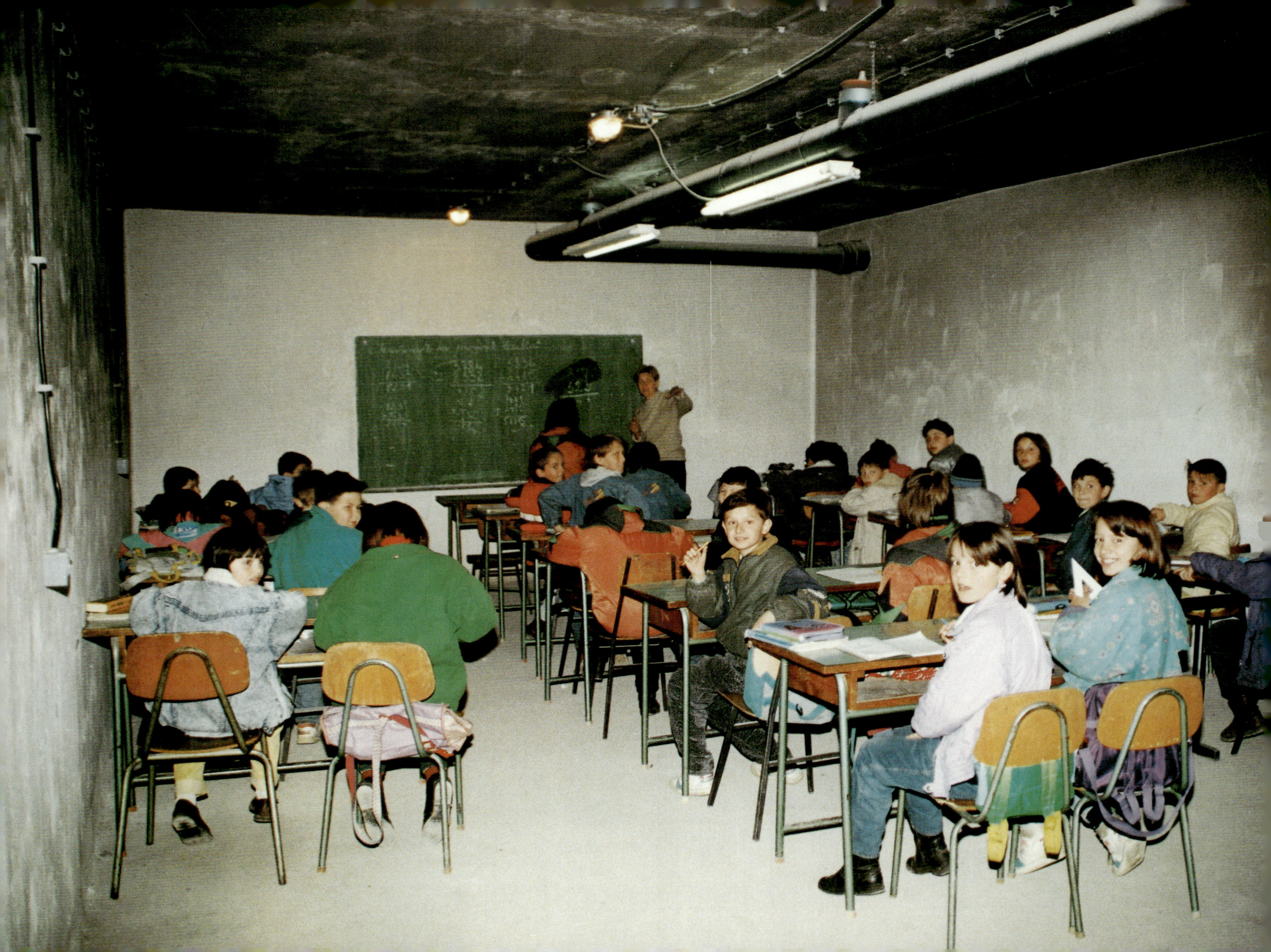

Eine von den vielen Kellerschulen, die immer wieder aufgegeben werden, weil es keine Heizung gibt.

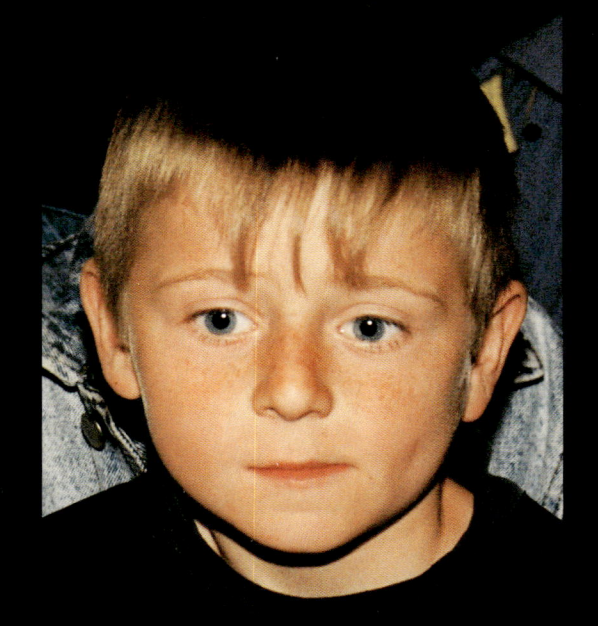

In Hochhäusern wird auf Treppen-Absätzen unterrichtet: vier Stufen nach oben und unten.

Mit Kissen gegen die Kälte.

Ein Sarajevo-Balkon ist sozialistisches Status-Denken,
    ist Wäschetrockner,
        ist Grillabend,
            wird Überlebens-Plantage,
                wird Schutz gegen Maschinengewehre,
                  wird nutzlos-gefährlich,
                    ist oft tödlicher Raumgewinn,

Ein Gehweg in der Einschuß-Schneise:
Der Barrikadenbus der Sarajevo-Brigade.
Seitenverstärkt mit angetrümmerten Autos und Müll-Containern.

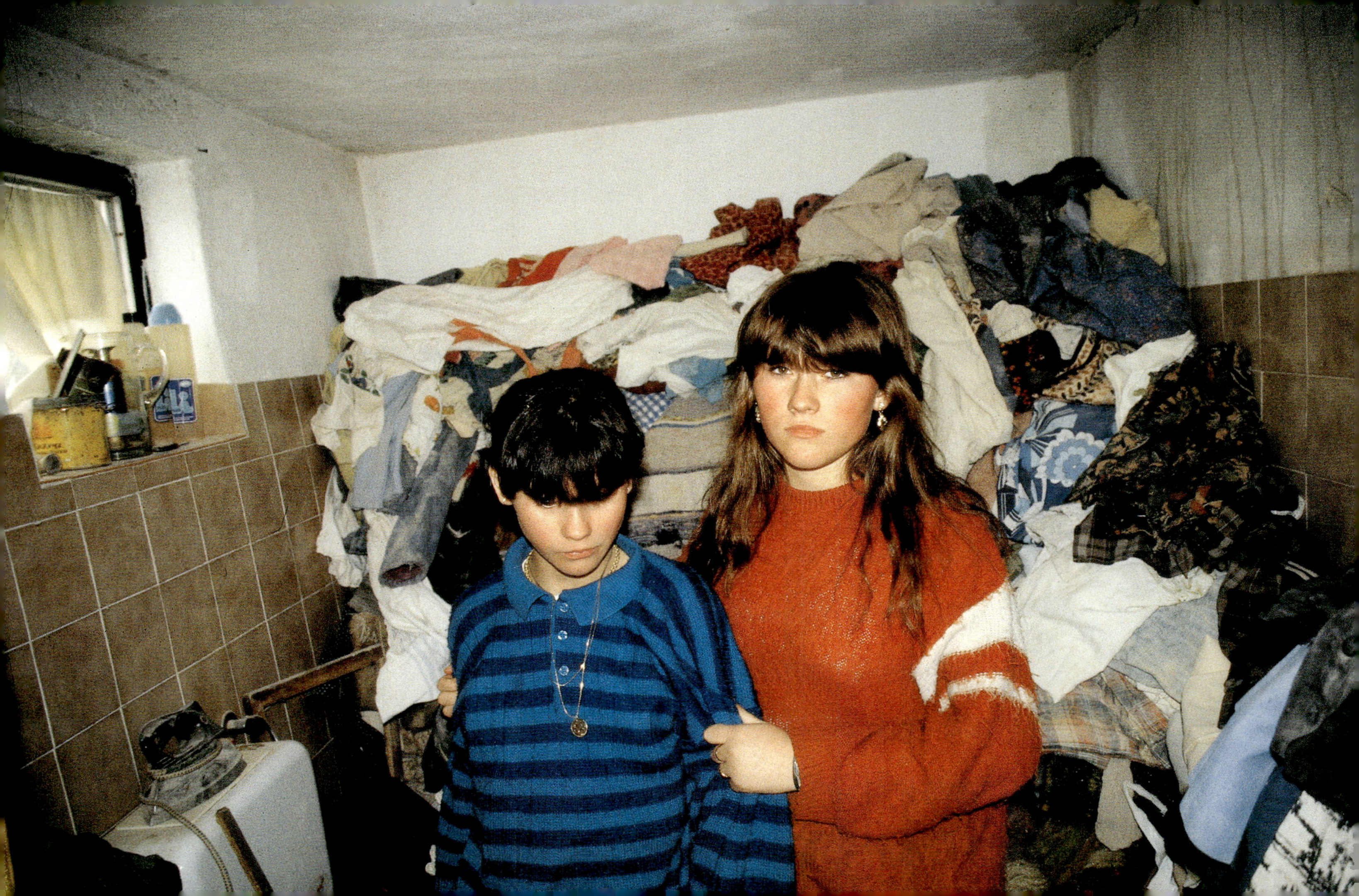

27. Januar 93.
Protokoll der UN-Friedenstruppe:

Gegen sechs Uhr morgens drei Granaten
aus einer Stalinorgel.
Getroffen wird ein Einfamilienhaus in
Buća Potok gegenüber vom bosnischen
Fernseh-Zentrum.

Tote: Der Vater Abid (33). Die Mutter
Hasiba (45). Und der Sohn Jasmin (10).

Überlebende: Die Schwesten Jasmina
(17, rechts) und Nermina (14).

Beide werden mit Schockwirkungen ins
Krankenhaus gebracht.

Zwei Wochen später und nicht UN-
protokolliert:
Beide Schwestern leben bei ihrem Onkel.

Sieben Menschen in zwei Zimmern.

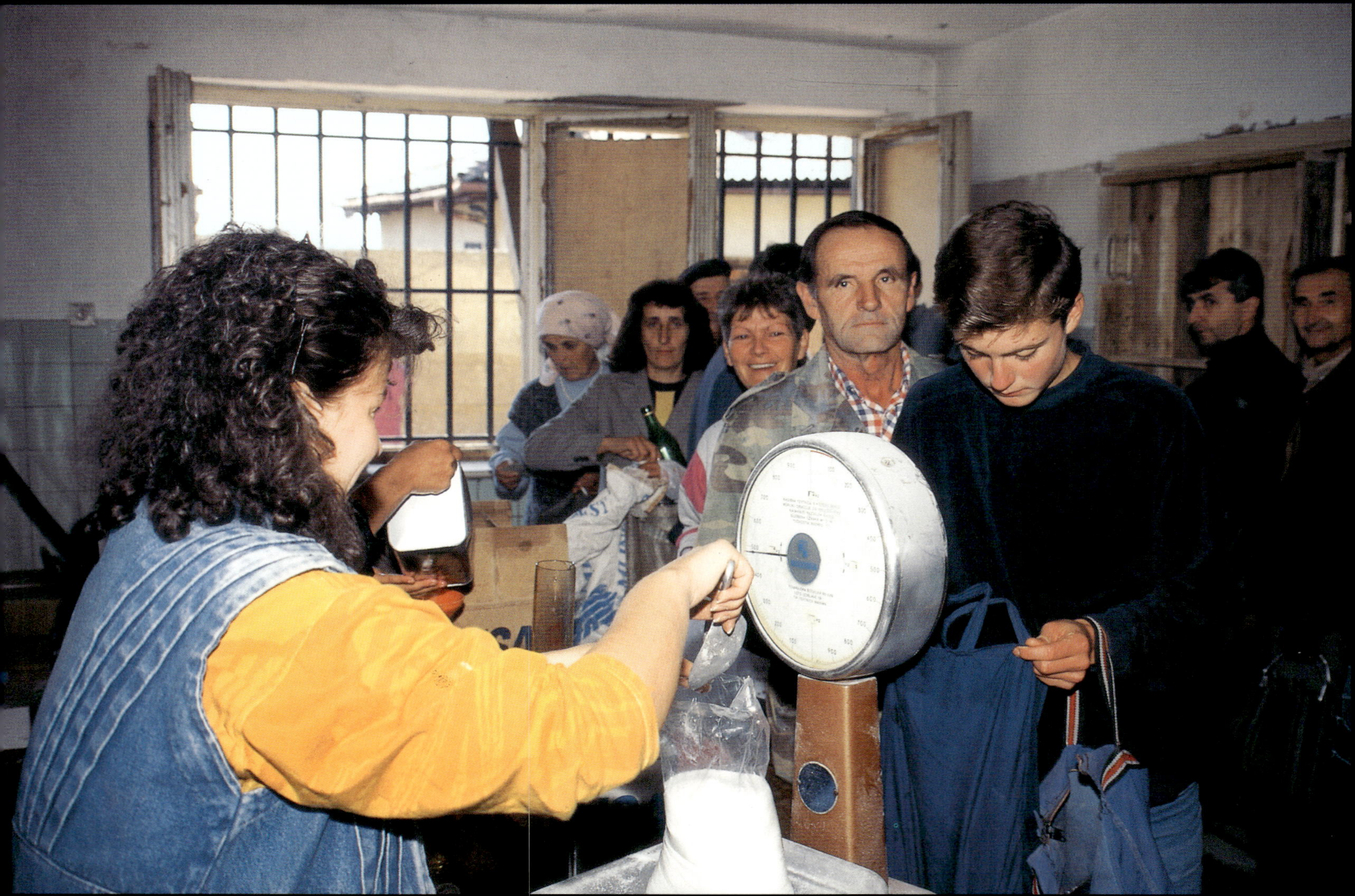

Sarajevo.
Und die Humanitäre Hilfe:

Vierhundert Tonnen braucht die Stadt.
Jeden Tag.
Nur zum Überleben.

Ein paar Rekord-Flugtage landen
dreihundert Tonnen.
Der Tages-Durchschnitt liegt bei
120 Tonnen pro Elends-Tag.
Davon gehen 23 Prozent an die Serben.
Der Rest wird am 18. November '93 so
verteilt und pro Person:

Eine halbe Dose Fleisch.
400 Gramm Korn.
3,4 Kilogramm Mehl. Später kommen
200 Gramm Zucker dazu. Und Öl
und Bohnen und ein Stück Seife.

Die Amerikaner schicken Lunch-Pakete
mit heißer Tabasco-Sauce.
In eine Stadt ohne Trinkwasser.

Die Briten entsorgen Keks-Dosen aus den
sechziger Jahren.

Und auf all dies warten die Menschen
zwei oder auch drei Monate.

Kein Strom.

Kein Gas.

Keine Kohle.

Kein Öl.

Kraftlose Kraftwerke.

Auch der postsozialistische Wohnbau wird ferngewärmt. Und so fehlen fast überall die Kaminanschlüsse für die holzgeheizten Öfen.

Die meisten haben nicht mal einen. Und so brodeln in Treppenfluren und Hauseingängen die Kochgemeinschaften:

Humanitärer Reis mit Reis.

Nudeln mit Nudeln.

Bohnen mit Bohnen.

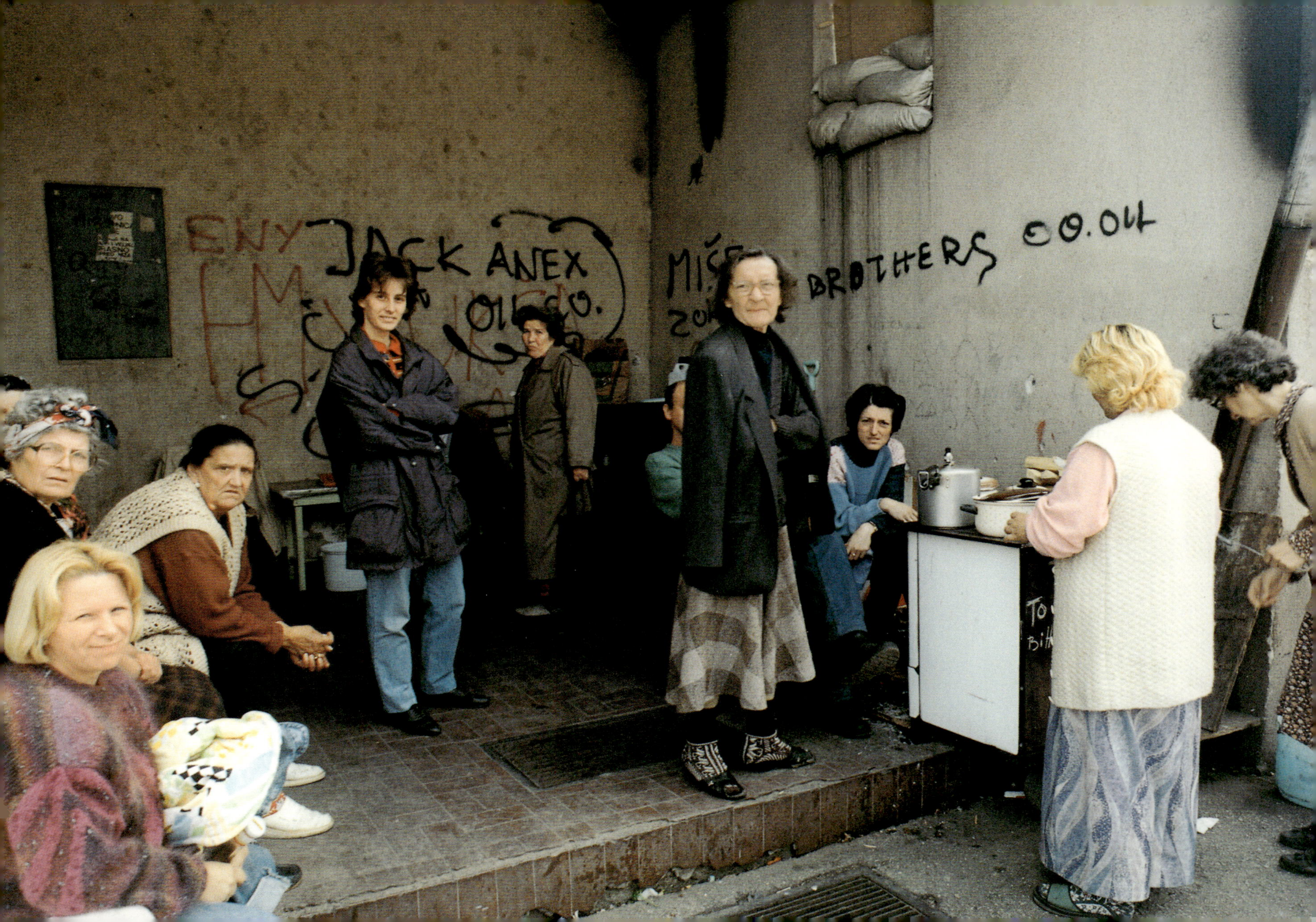
JACK ANEX
BROTHERS

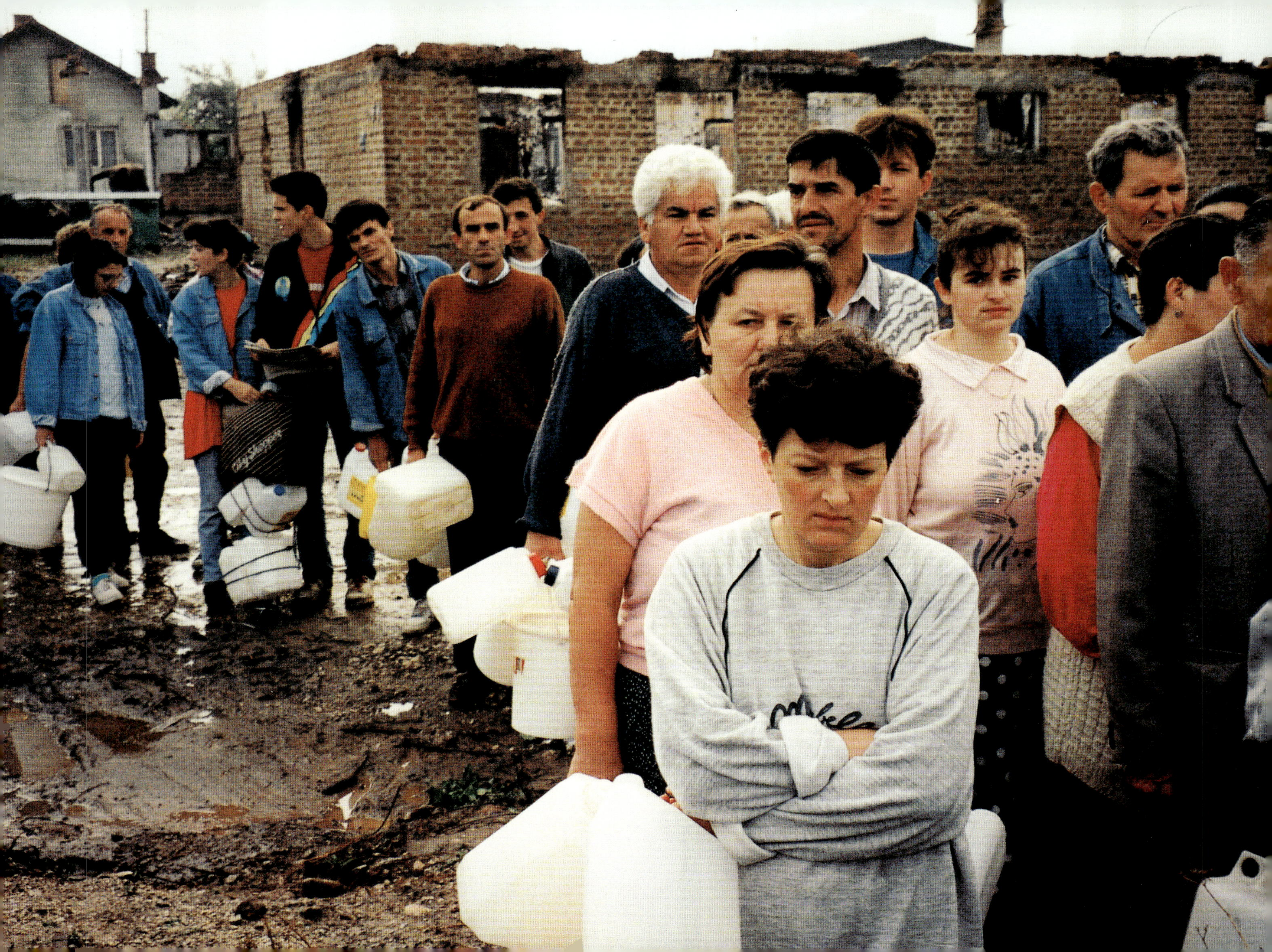
City Shopper

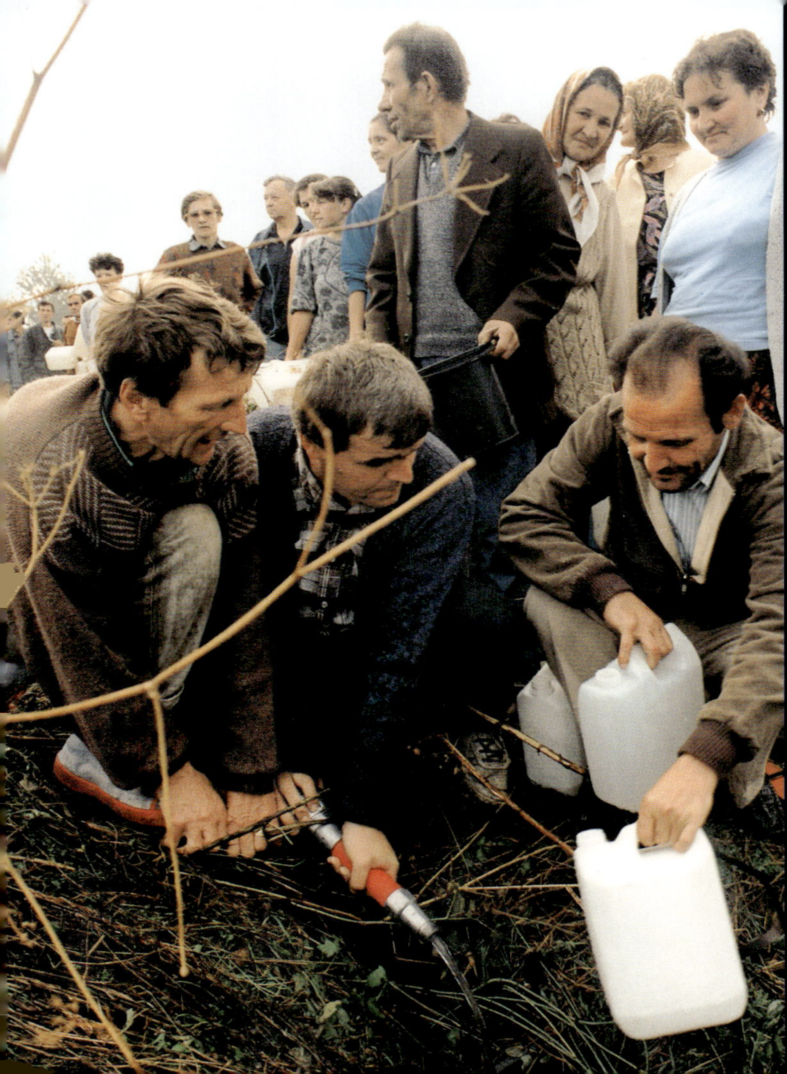
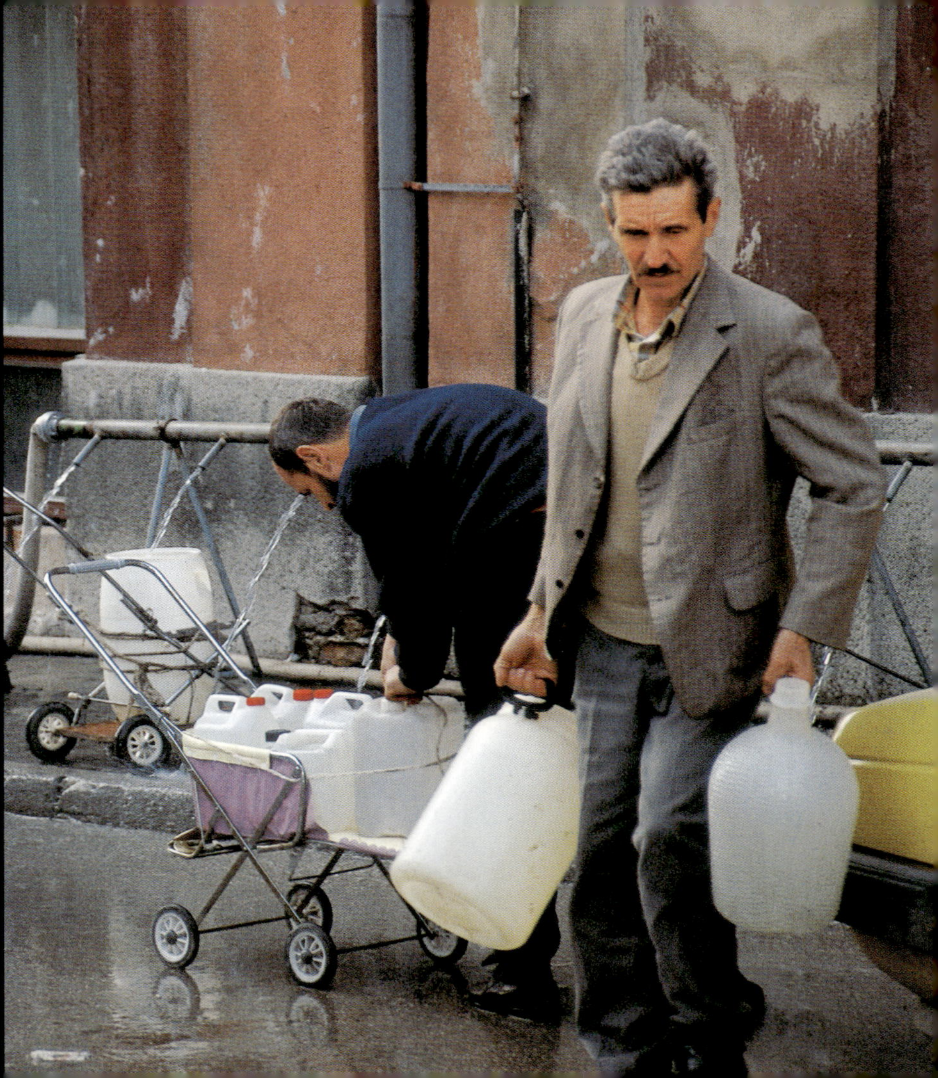

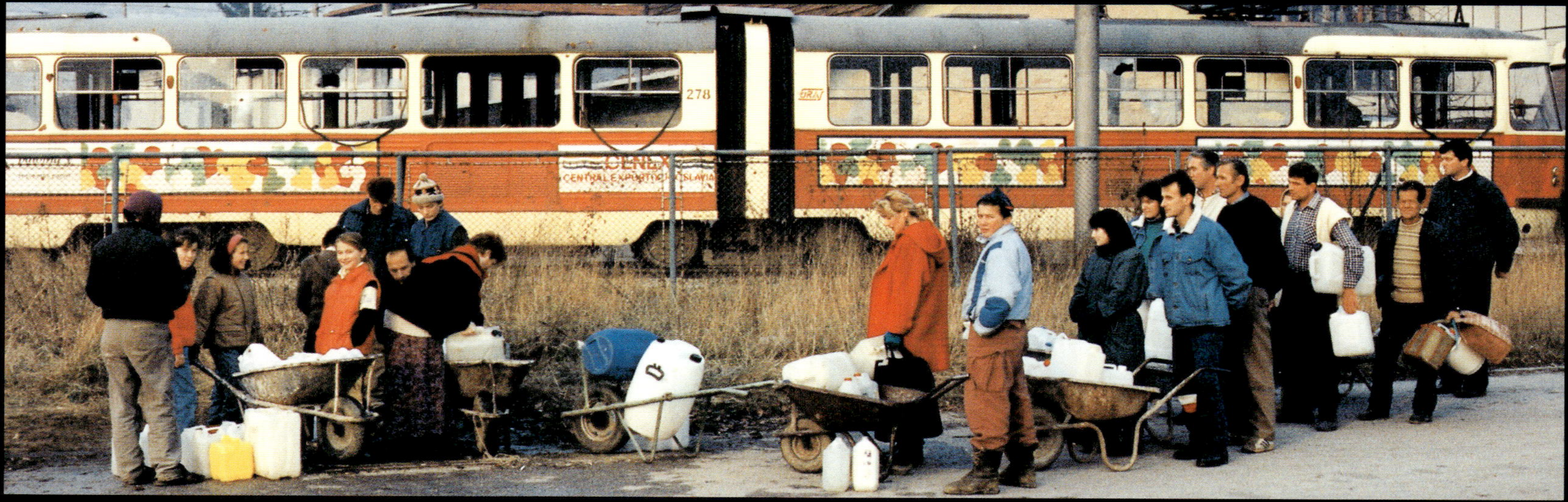
278

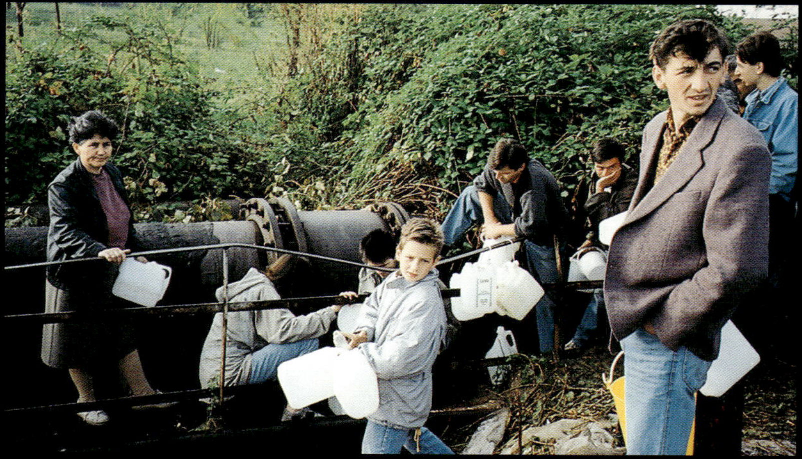

Eine Überlebens-Chance:
In den drucklosen Rohren steht manchmal Sickerwasser

Sarajevo und so etwas wie
meteorologische Barmherzigkeit:
ungewöhnlich warm gedehnte
Kriegsherbste.

Die erreichbaren Hügelwälder um die
Stadt sind längst weggeholzt.
Im Winter sägen sich Frauen und auch
Kinder bis an die Frontlinien oder
dazwischen.

Ein ehemaliger JAT-Pilot hat an die
sechstausend Bücher:

„Alles Weltliteratur. Nur große Namen.

Jetzt heize ich damit den Ofen,
um Tee zu kochen.
Oder eine Tütensuppe.

Ich bin bei Dostojewski."

Ein Bündel Holz, vielleicht drei Stunden Wärme, bringt zwanzig Mark.

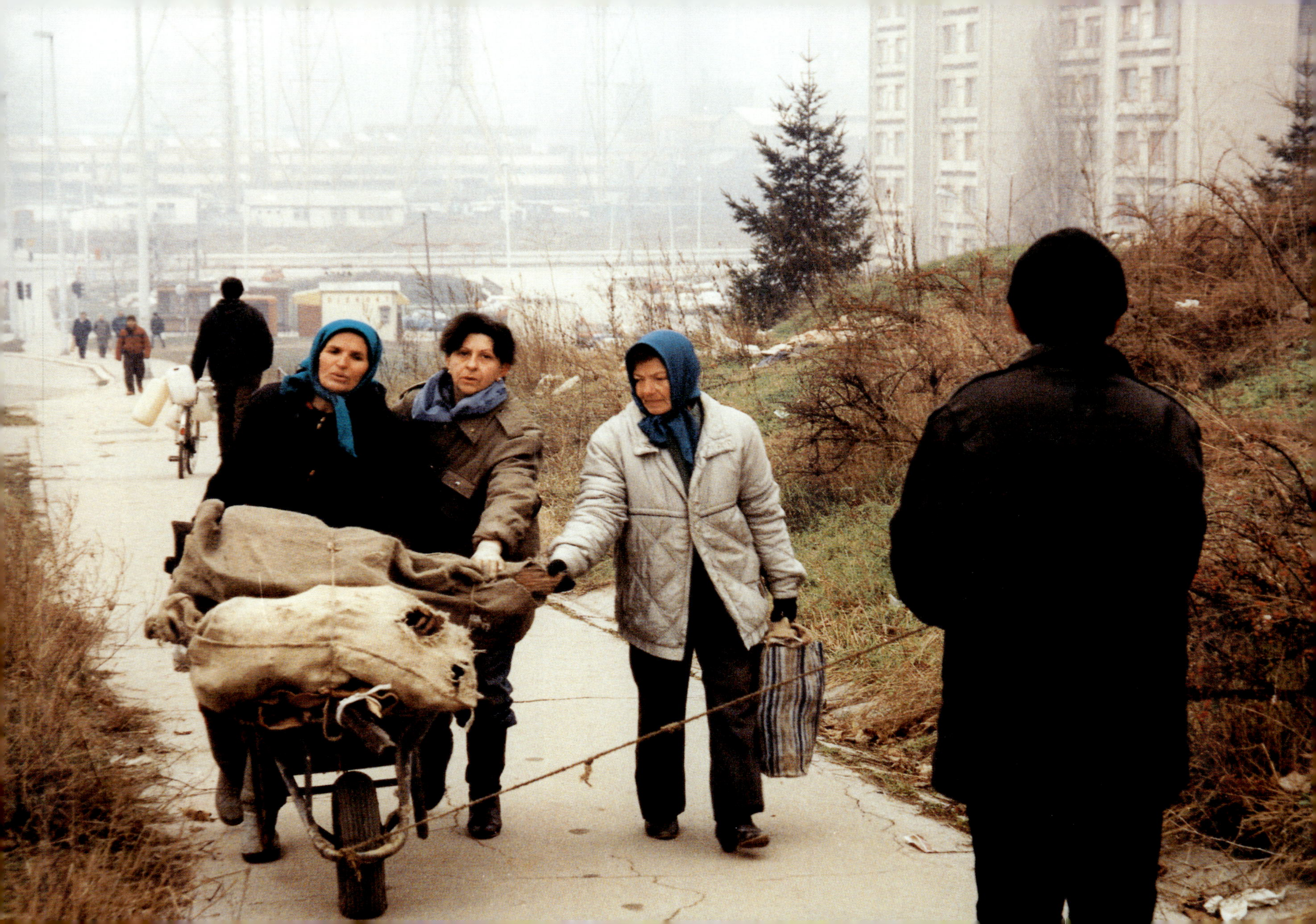

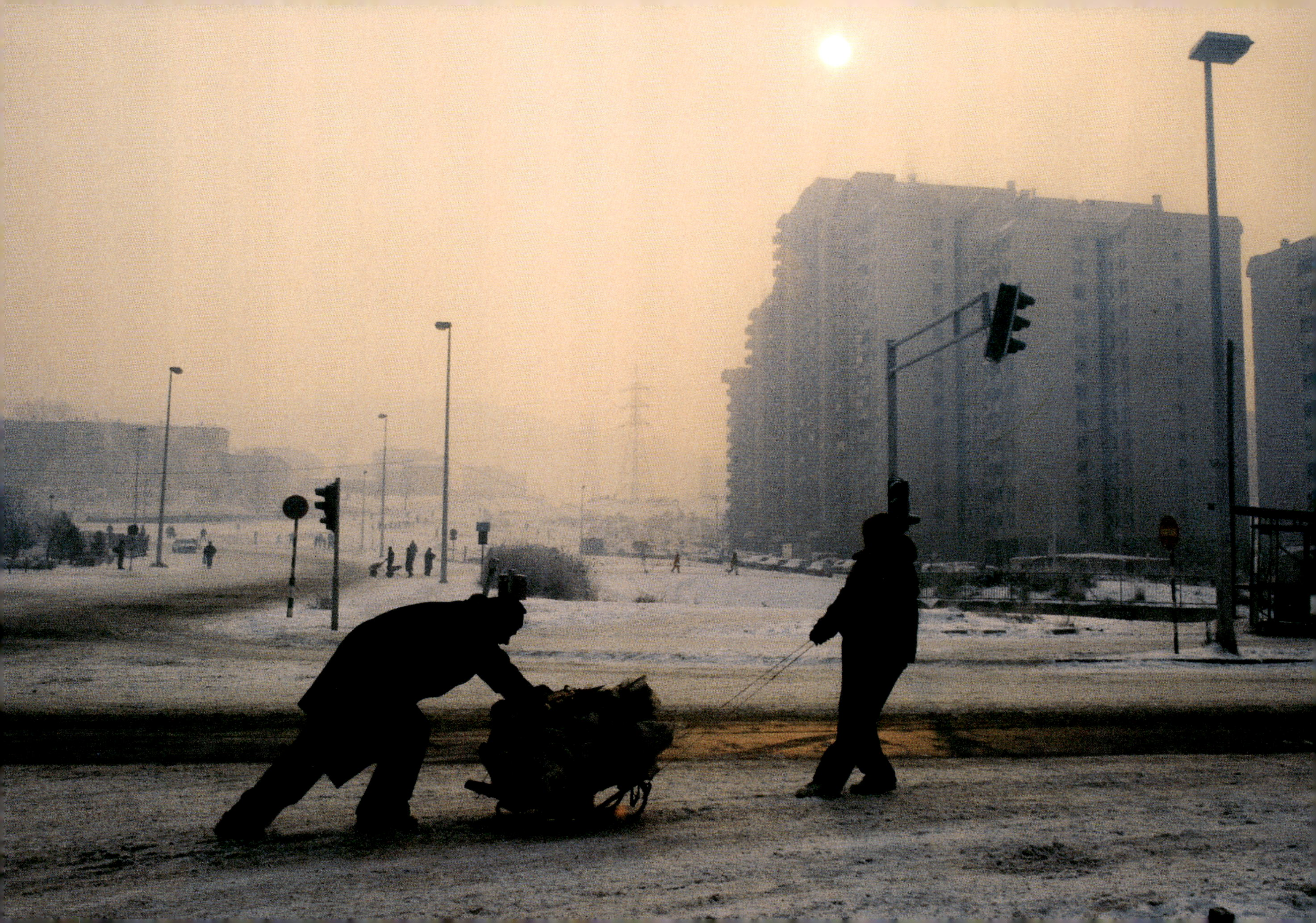

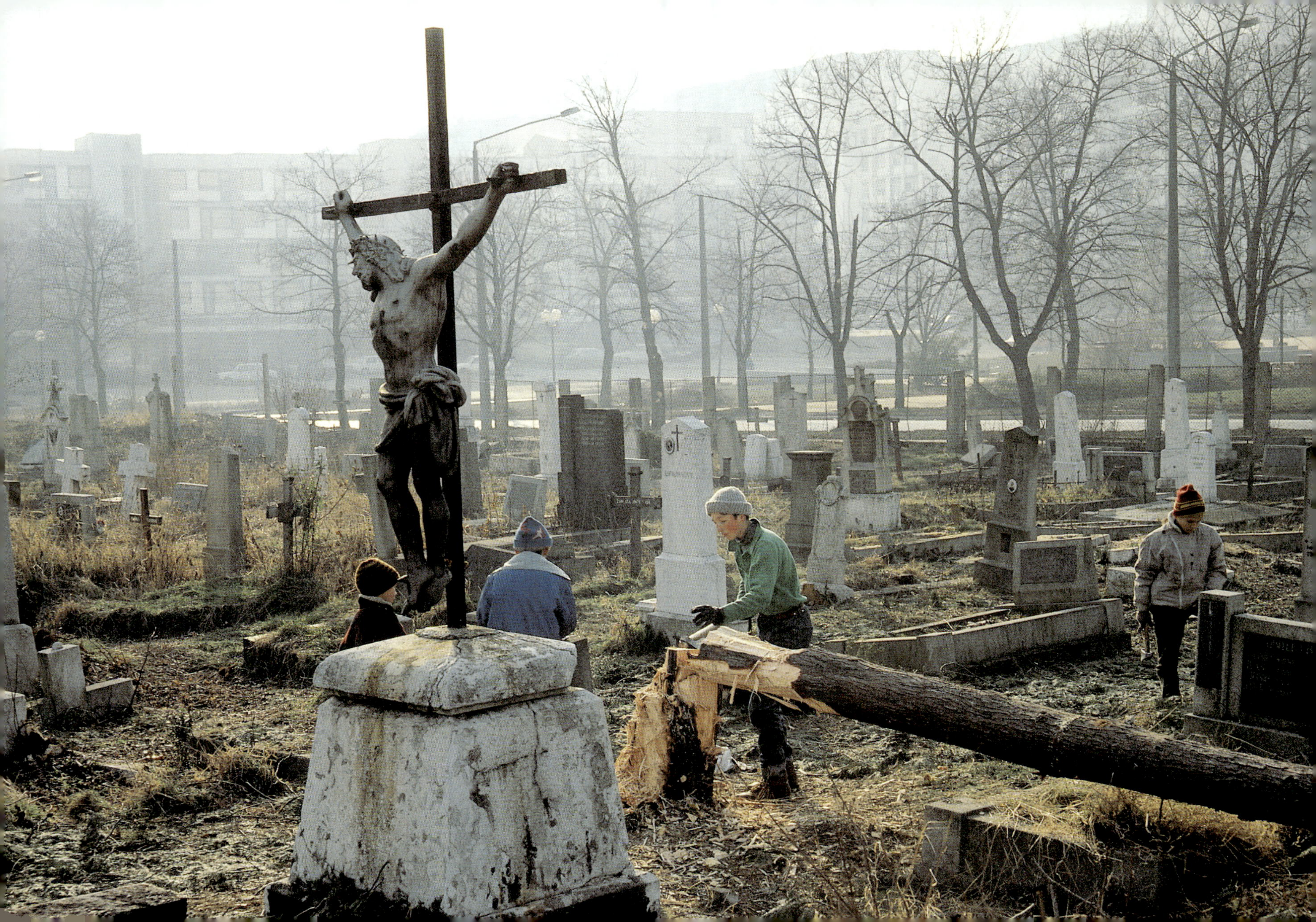

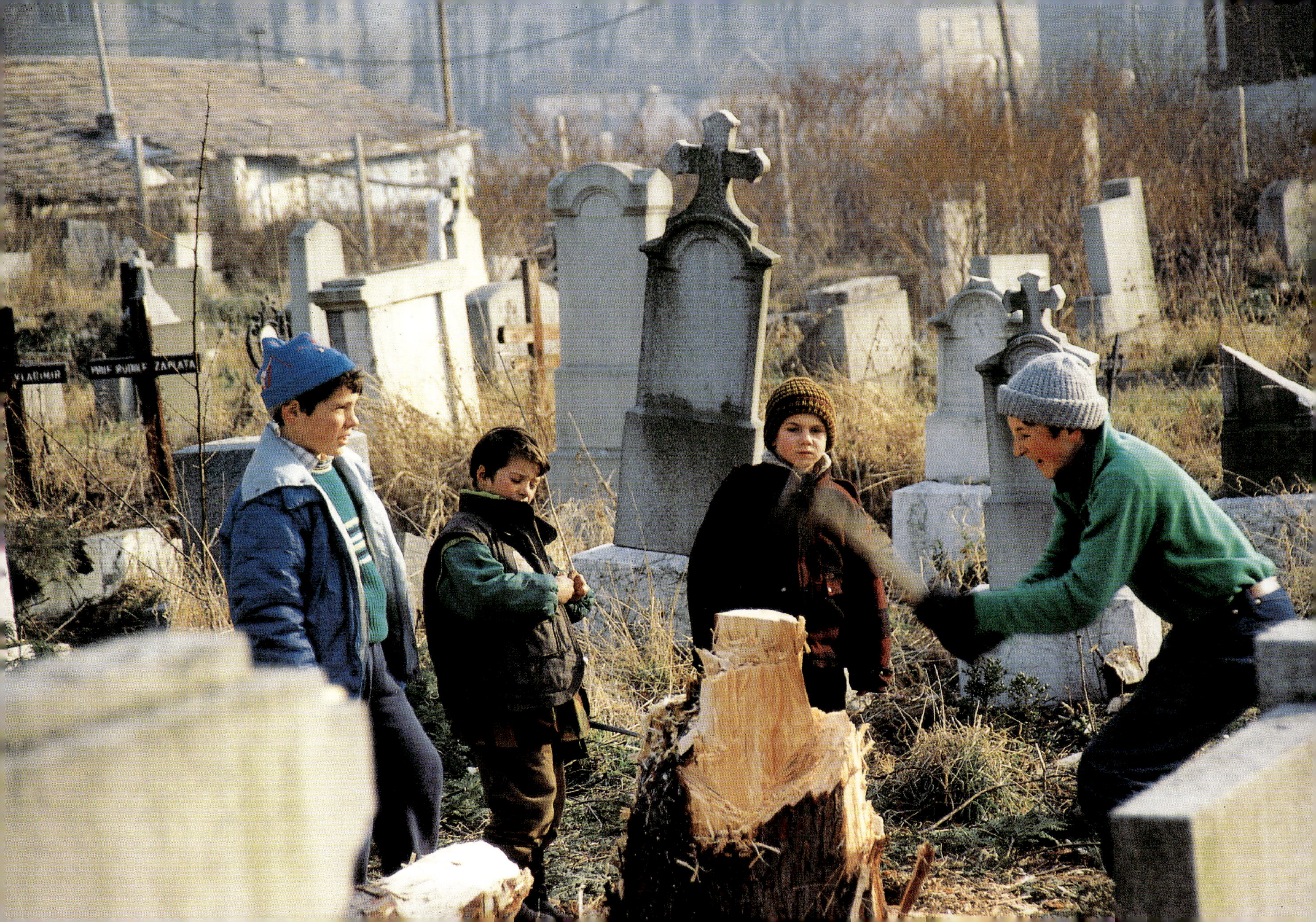
VLADIMIR

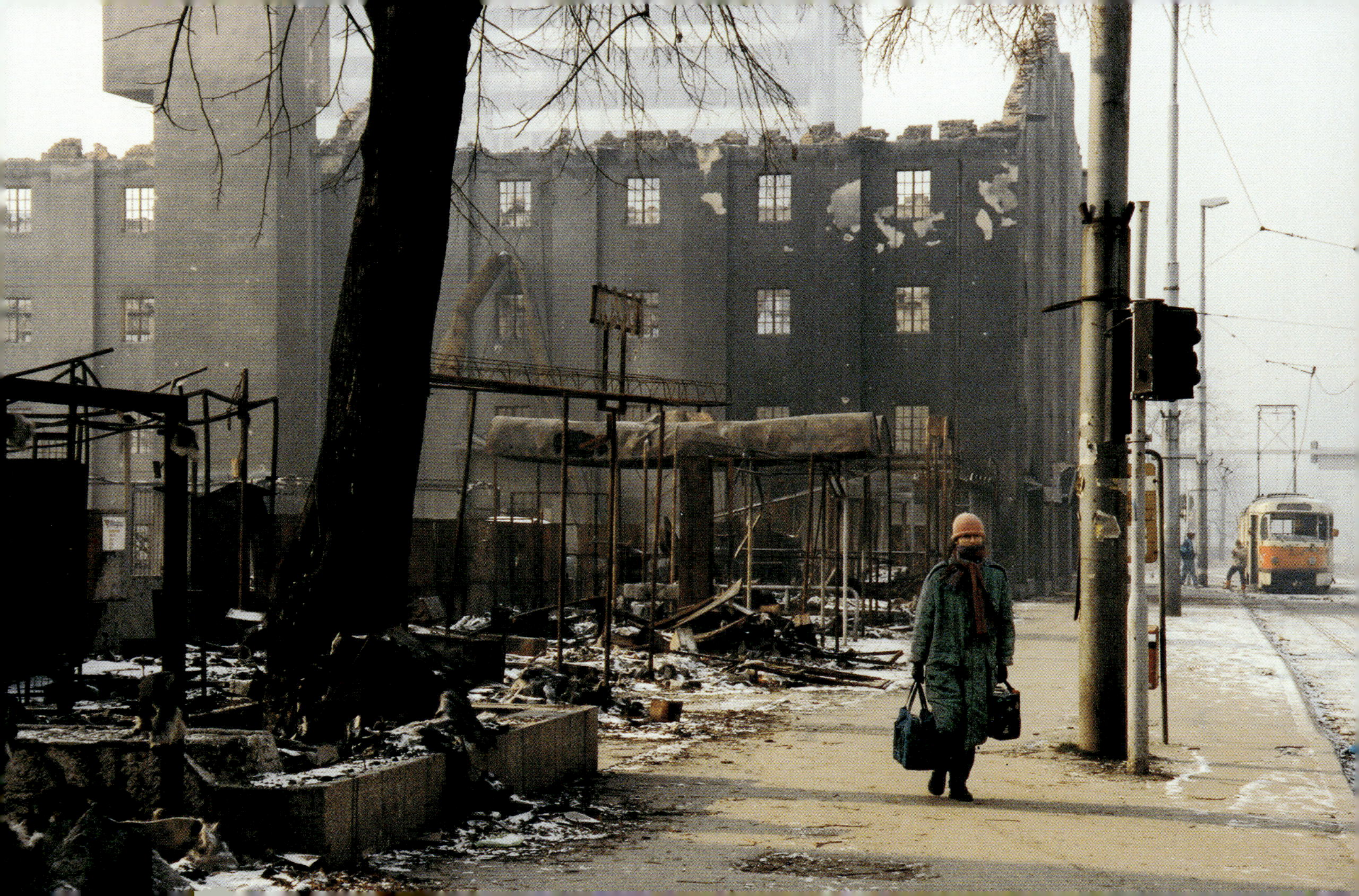

Sechszehn Grad unter Null.

Die Ruinenwerkstatt.

Ibro, der Ofenbauer.

Öfen sind kaum zu kriegen und teuer.
Hundert Mark oder auch mehr.

Ibro verdient nicht viel.
Ein Scharfschütze hat seine rechte Hand zerschossen.

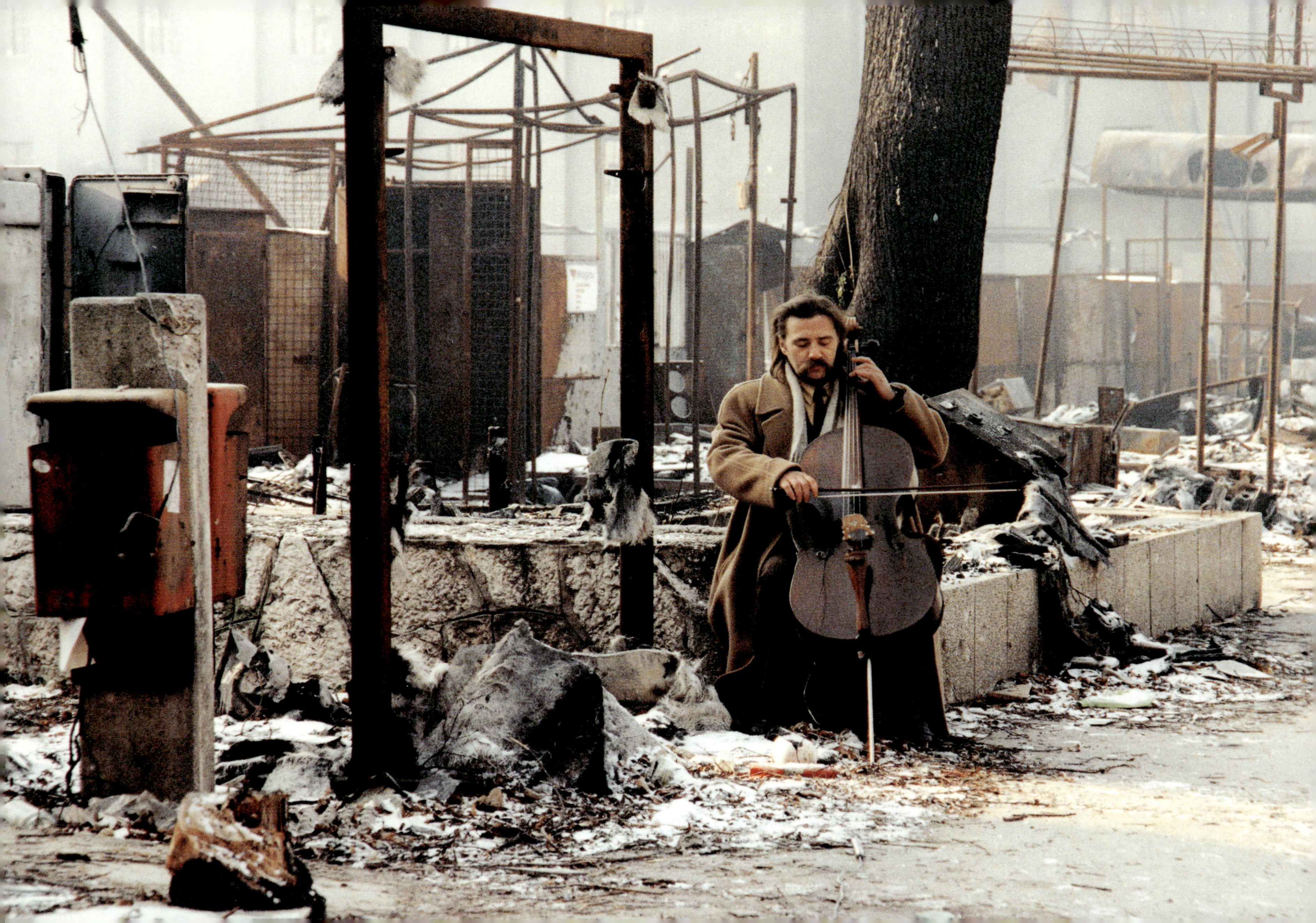

Minus vierzehn Grad.
Die Fußgänger-Zone in der Altstadt.
Der erste Kriegswinter. Und Vedran.

Cellist der bosnischen National-
Symphoniker, die jetzt Soldaten sind oder
Serben auf der anderen Seite oder noch
rausgekommen nach irgendwo.

Ein paar Meter von hier ist sein Bruder
zerrissen worden. Mit Menschen, die auf
Brot gewartet haben:
Zwei Granaten. Siebzehn Tote.
Einhundertvierzig Verletzte.

Das war am 27. Mai 1992.
Zwischen zehn und elf.
Vedran hat um jeden Toten einen Cello-
Tag lang vor den Trümmern getrauert.

Jetzt, mit frostbeuligen Händen, wird die
Totenklage zum Überlebens-Versuch:
„Yesterday". Von den Beatles.
Gegen Zigaretten. Oder irgendwas.

Der Winter-Tod.
Verpackt in Plastiksäcken der UNO-Hilfe

„Wir hatten kein Wasser mehr. Die Brunnen bei unseren Nachbarn waren leer. So sind wir alle zur Wasserstelle in der Stadt, auch meine Schwester.

Als die Granate kam, waren viele Menschen an der Pumpe.

Meine Eltern waren sofort tot und ich leicht verletzt. Ich habe meinen Vater gesehen, der Kopf war halb abgerissen.

Im Auto lag ich neben zwei Mädchen. Beide ohne Beine. Bis zum Krankenhaus sind noch fünf Verletzte gestorben.

Wenn ich das Namensschild am Grab berühre, sind meine Eltern mit mir.

Ich hole meine Mutter zurück. Ich werde sie ausgraben und nach Hause bringen."

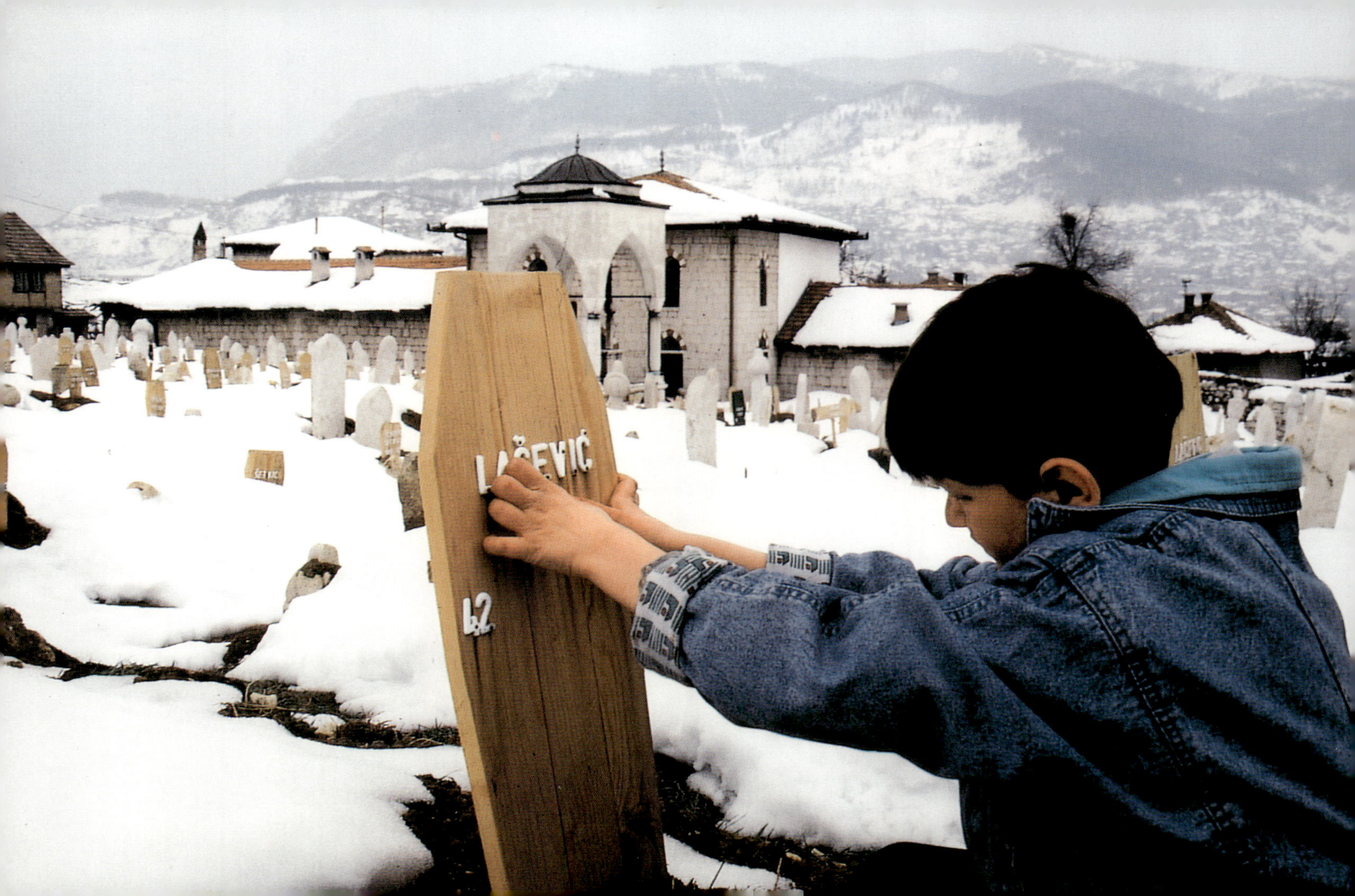
LAČEVIĆ

Gegen zehn Grad minus tropfen die Wasserstellen
nur noch Kanisterstunden. Drei oder mehr. Und immer nur ein Versuch.

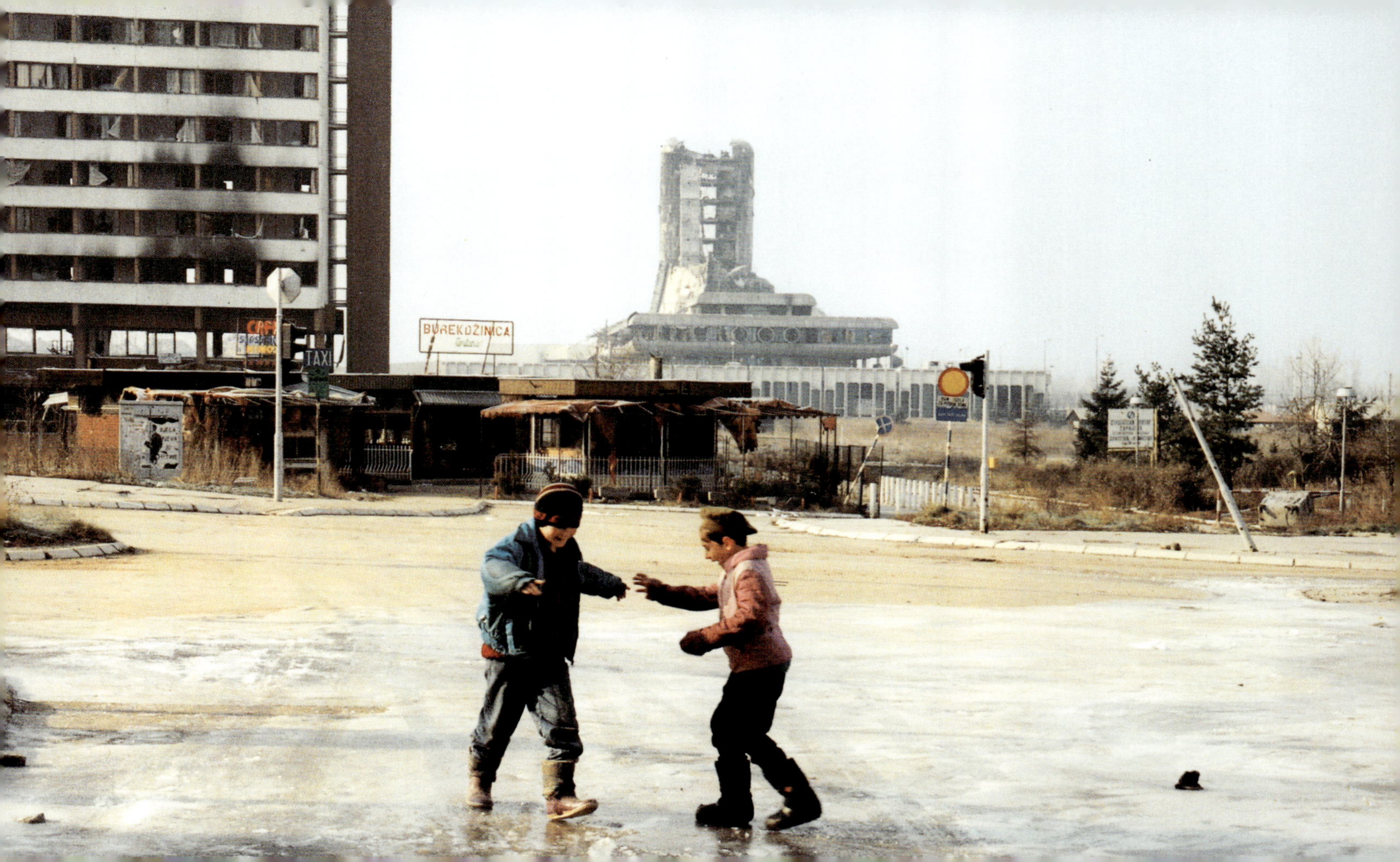
BUREKDŽINICA
TAXI

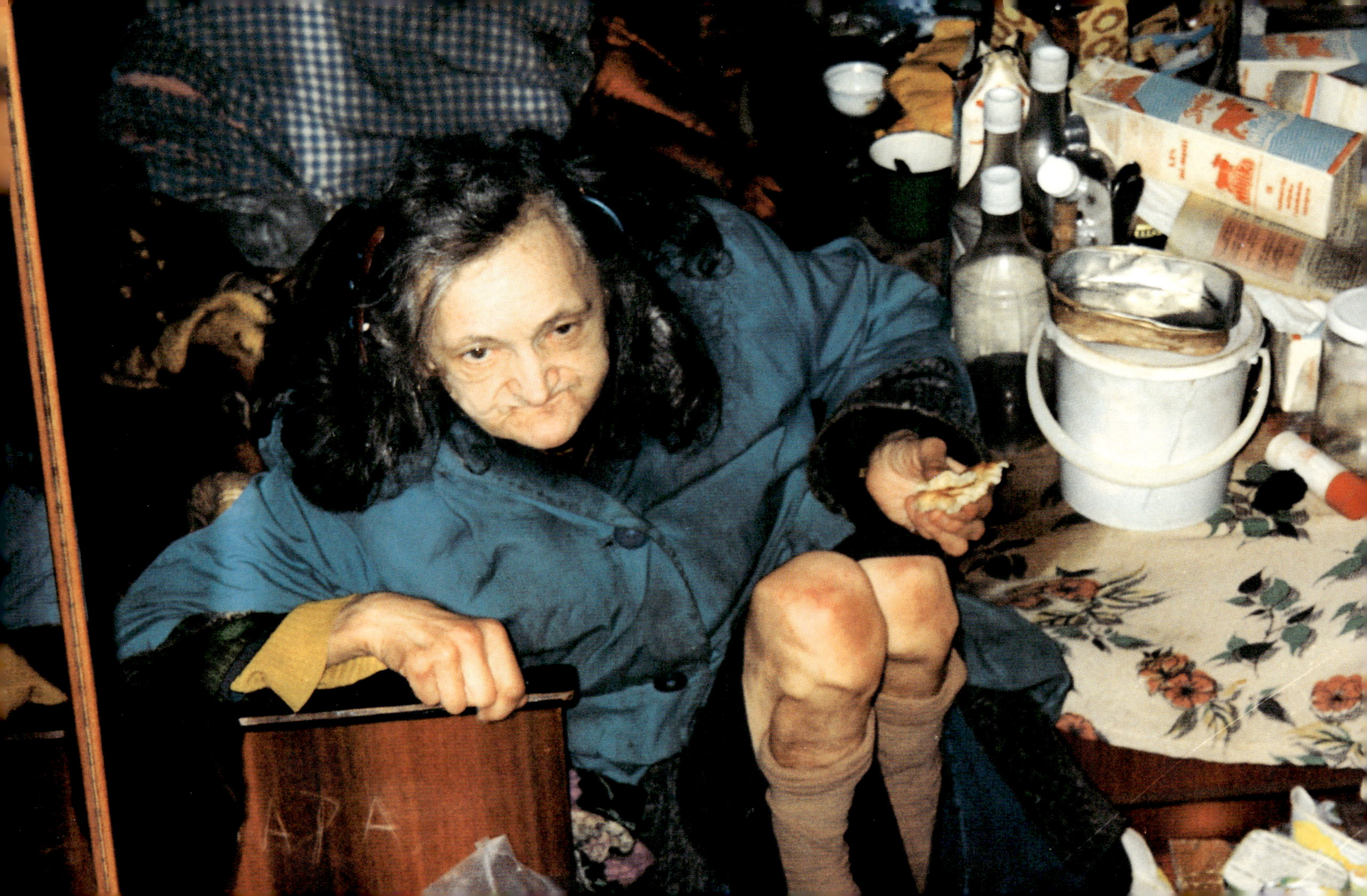

Mija ist zweiundsechzig und kann nicht mehr gehen und atmet noch im Kellermüll und manchmal werfen die Nachbarn Brot durch das zerstörte Fenster.

Mija stirbt im ersten Kriegswinter.

50

Der Markt an der Kathedrale im Zentrum.

Das erste Kriegsjahr.

An manchen Tagen alles in allem
zwanzig Kartoffeln, ein paar Möhren
und Kohlköpfe
und immer Zigaretten.

Ende 92 notiert die Schwarzmarkt-Börse
in Deutscher Mark:

Benzin zwanzig bis vierzig pro Liter.
Diesel an die fünfzehn.
Das Kilo Fleisch zu vierzig.
Ein Kilo Kartoffeln zehn.
Zucker zwanzig. Kaffee dreißig.

Ein hochglanz-vernickelter Magnum-Colt
für fünfhundert Mark.

Und da ist Filip Andronik.

Im dritten Stockwert eines zerschossenen Wohnsilos im gekesselten Stadtteil Dobrinja.

Nach Monaten bringt ein UN-Konvoi die ersten Lebensmittel.

Filip ist elf Jahre alt und entschlossen:
„Ich will zeigen, wovon wir überlebt haben.
Ich werde den Verpackungsmüll der humanitären Hilfe sammeln."

Dosen. Schachteln. Tuben. Plastik. Tüten. Tuben.

Auch von dem, was Verwandte aus dem Ausland mit Hilfs-Organisationen schicken.

1996 steht Filip mit dem Humanitären Müll im Guinessbuch der Rekorde.

Kriegskinder spielen Krieg: „Meist geht es nicht. Keiner will Serbe sein."

Bosnische Scharfschützen in Sarajevo. „Ihr schießt auch auf Frauen und Kinder und Reporter?" — „Nein. Nicht auf Reporter."

Samir. Acht Jahre.

Zum zweiten Mal
durch Scharfschützen verletzt:

im Rücken beim Fußballspielen.

später auf dem Weg zur Schule.

Die linke Wade wird zerrissen.

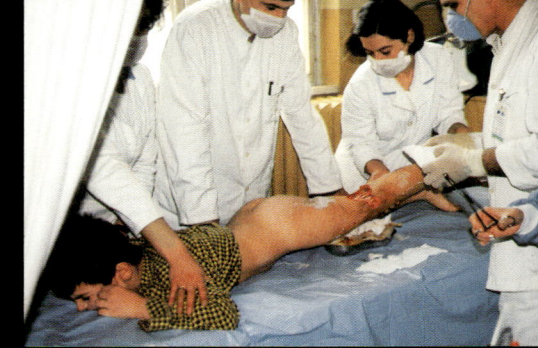

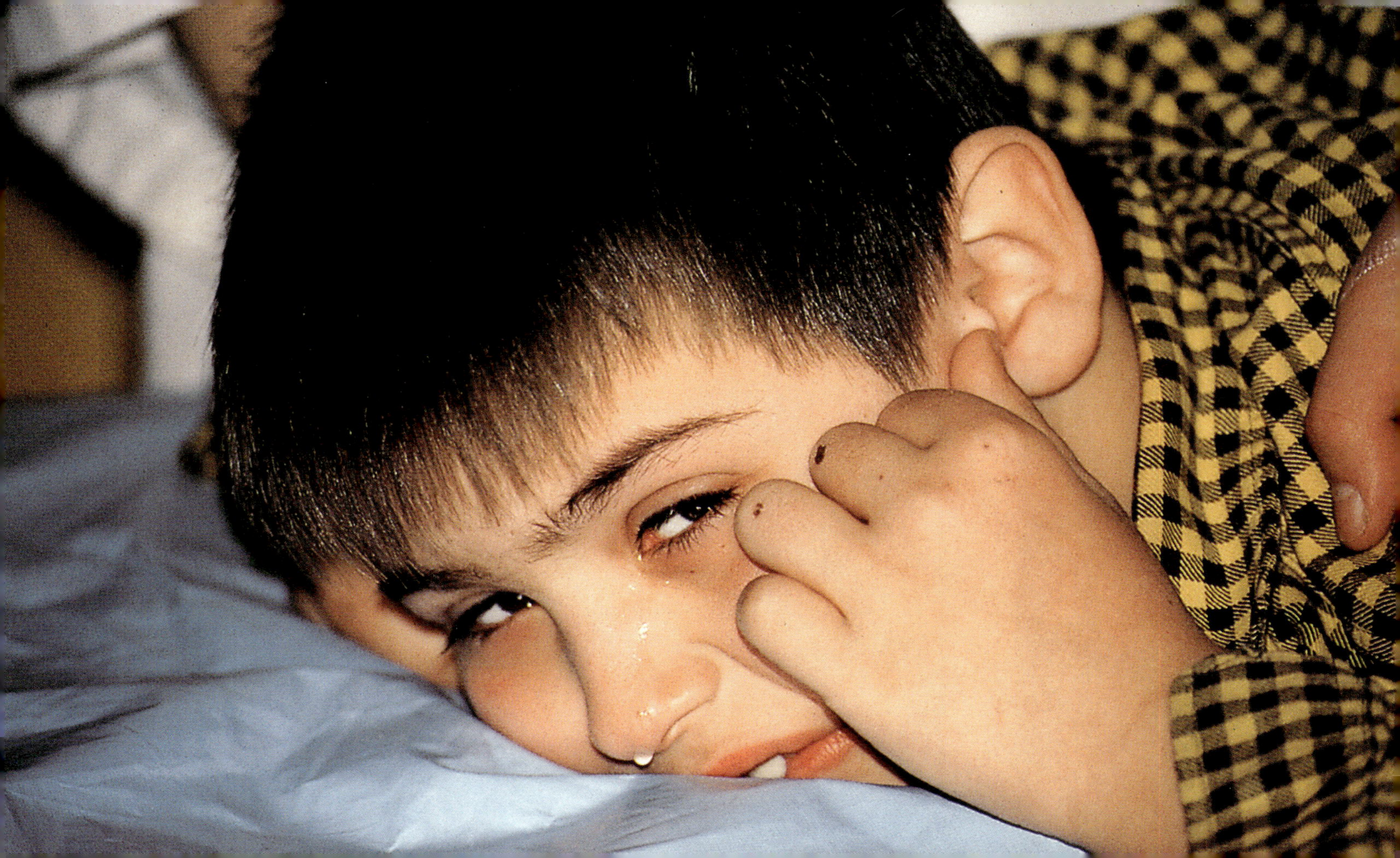

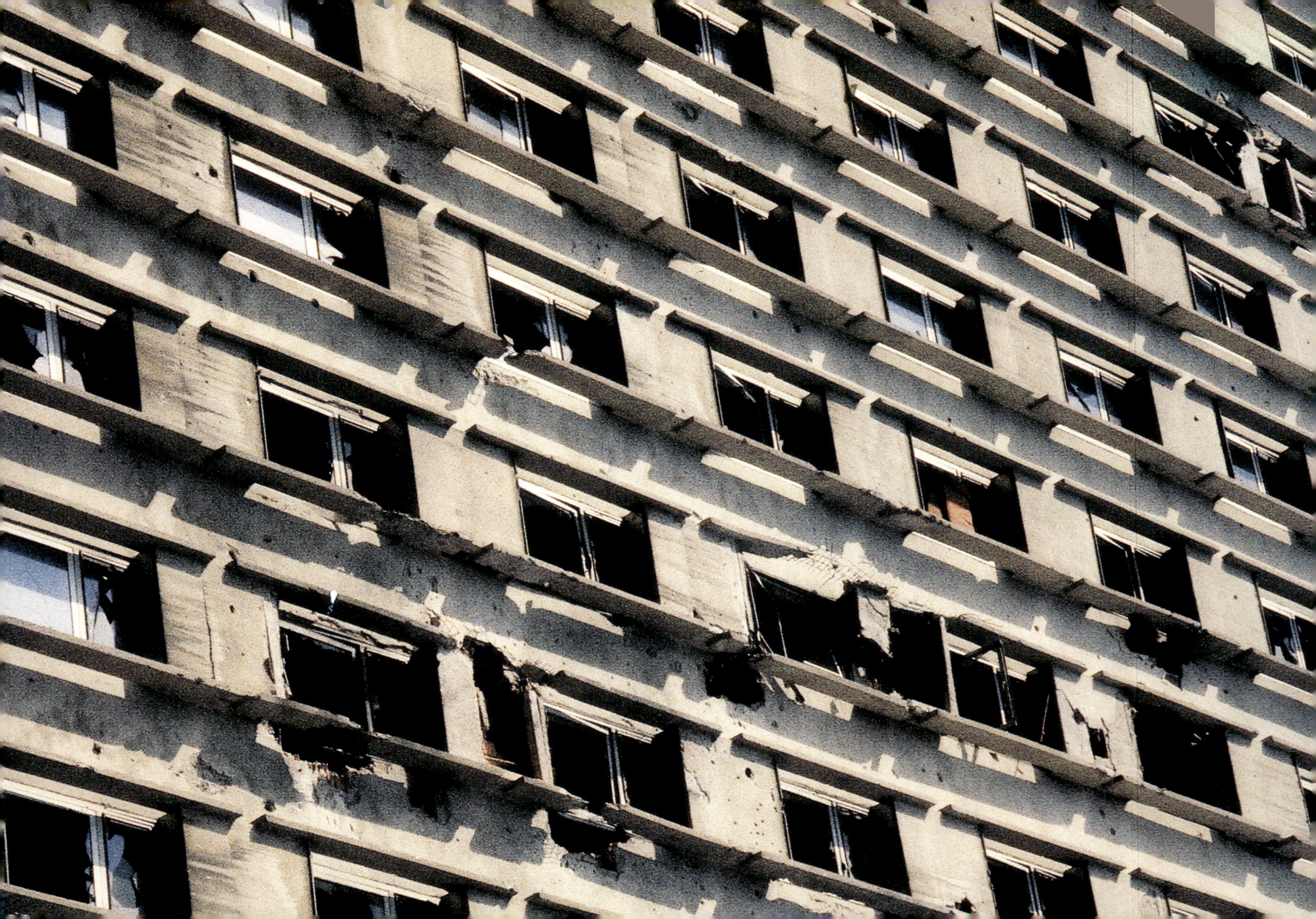

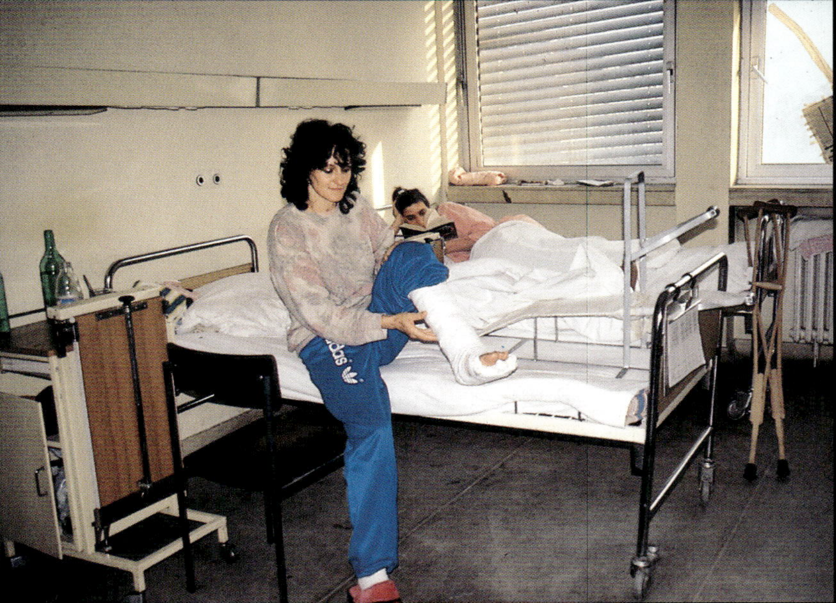

Das alte französische Hospital wird
sozialistische Armeemedizin,
wird bosnischstaatliches Krankenhaus,
schneidet zerrissene Menschen
in immer wieder gewaschene Tücher,
stapelt die Fälle in Kellern und Gängen,
hat Verletzte,
die wieder verletzt werden:

„Was machen Sie, wenn die
Scharfschützen hier auf die Fenster
halten?"

„Nichts. Ich ducke mich."

Asra hat sich zu spät geduckt.

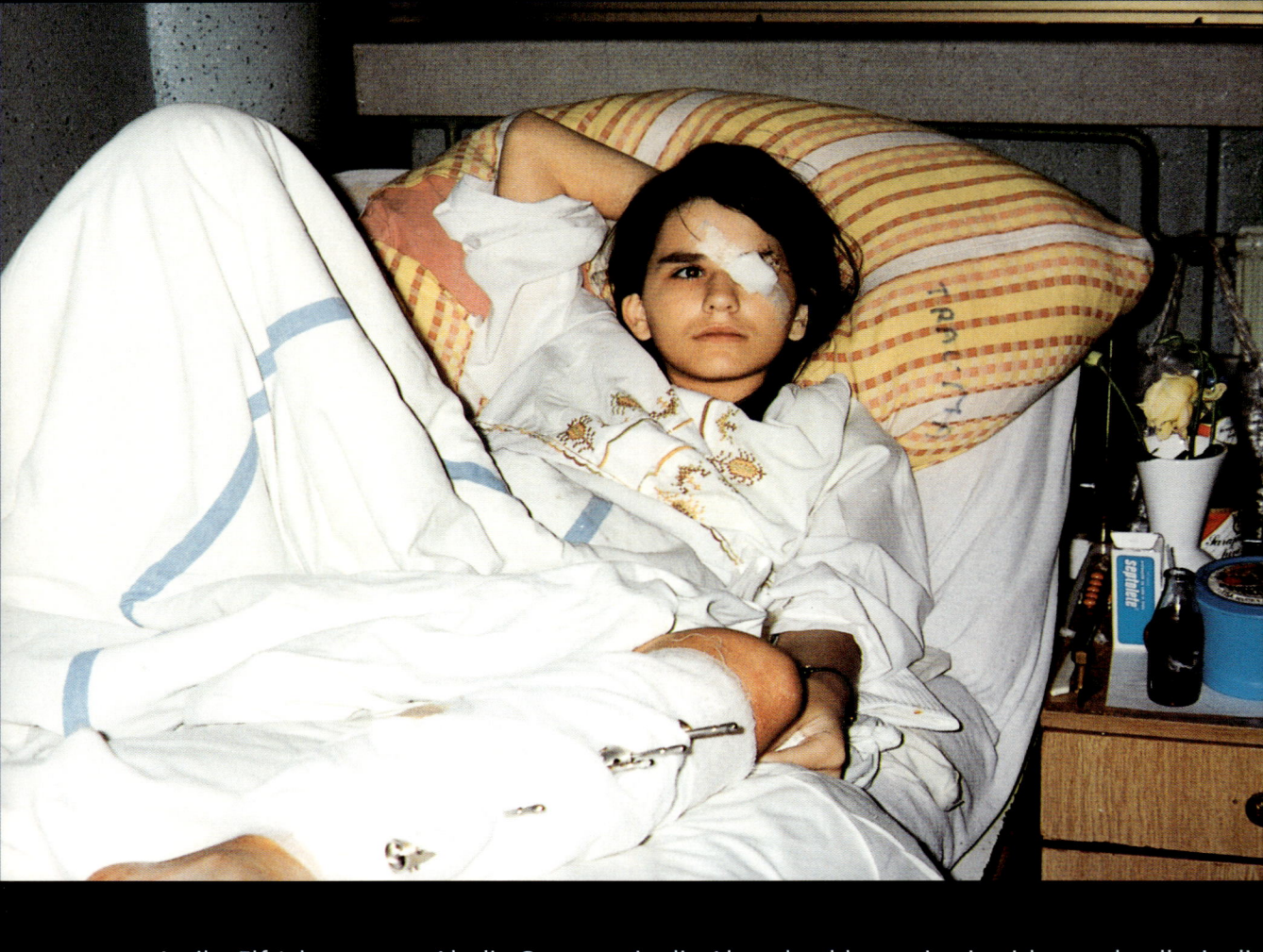

Amila. Elf Jahre.   Als die Granaten in die Altstadt schlagen, ist sie nicht so schnell wie die
anderen beim Einkaufsbummel.

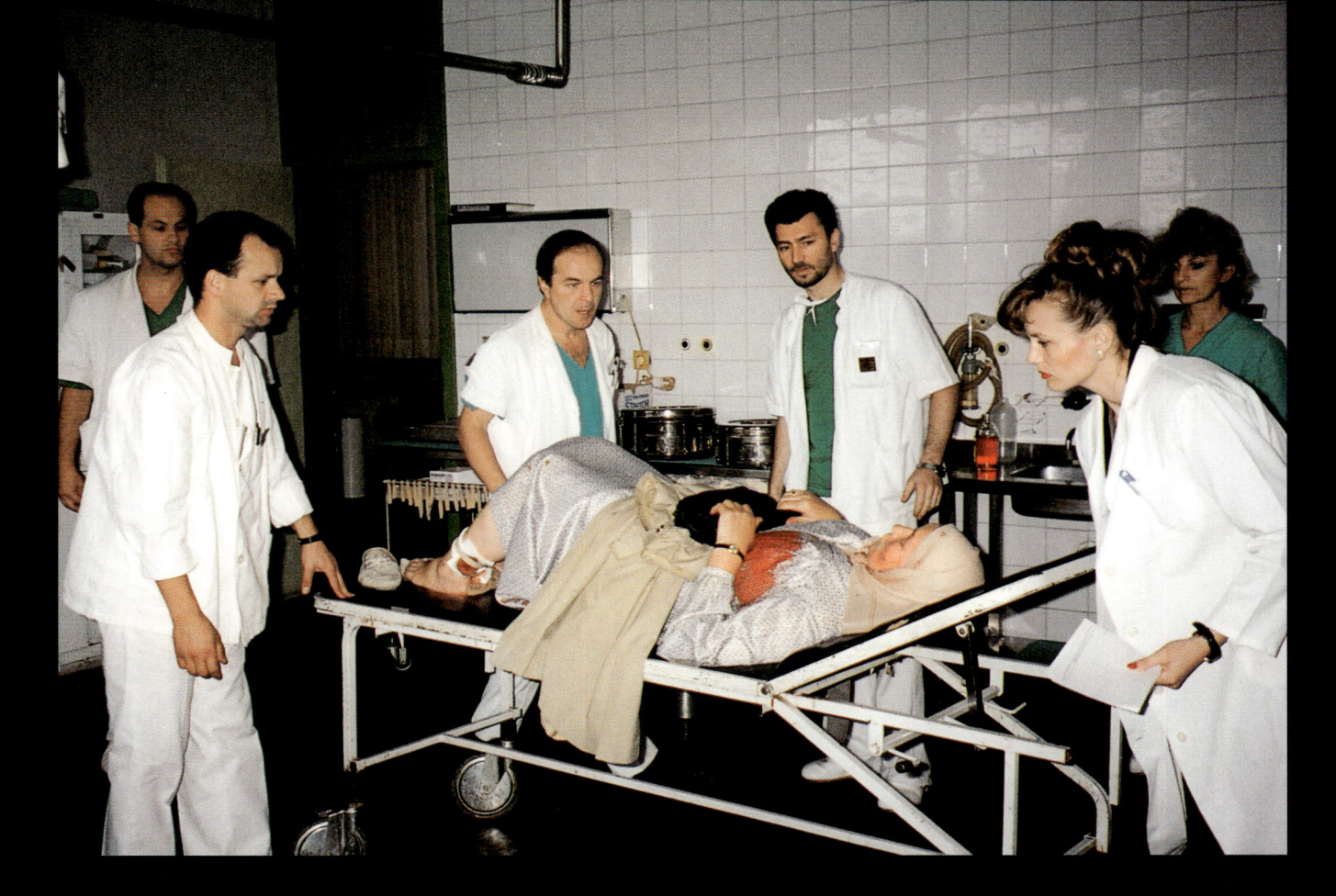

Eine alte Frau und eines von diesen
Schrapnellgeschossen:
Eine Detonation und tausende von
messerscharfen Splittern.

Der Überlebenstransport in einem
jugoslawisch produzierten Golf A2.

330 Liter Quadermessung.

Bei offener Ladeklappe drei eng verstaute
Menschen und da hängen die Beine raus.

Es gibt zu wenig Krankenwagen.

Verzweifelte Trauer
und Auflehnung:

Goražde ist eingeschlossen.

Um die 38000 und dazu
30000 Flüchtlinge.

Kein Wasser.

Kein Strom.

Die Nachrichten der Funkamateure:

„Wir sind am Ende. Die Nacht-
Abwürfe der Amerikaner, Briten
und Deutschen reichen nicht.
Zu wenig für diese Moslem-Insel."

Goražde hat überlebt.

202 Kinder haben ihre Eltern
verloren.

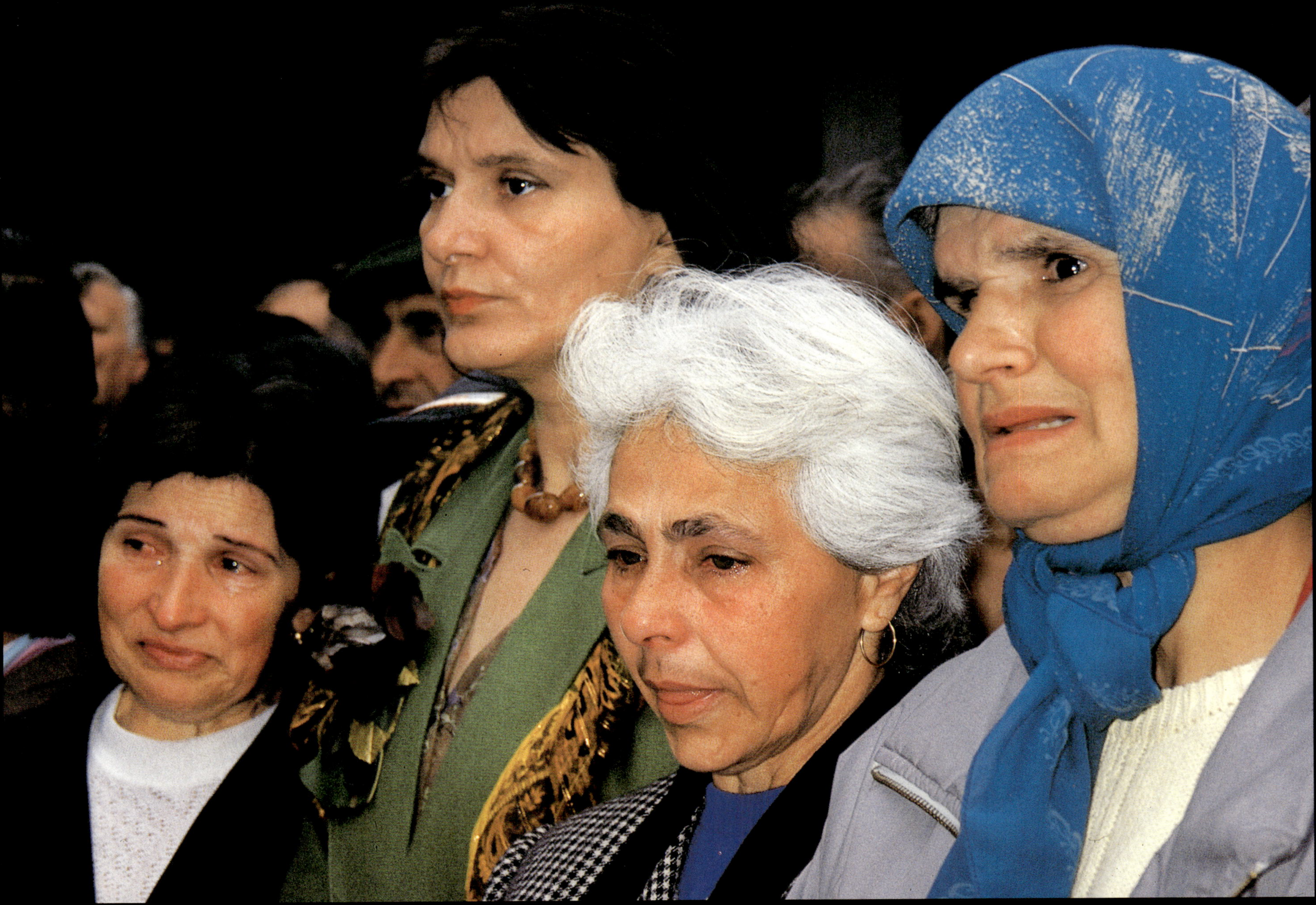

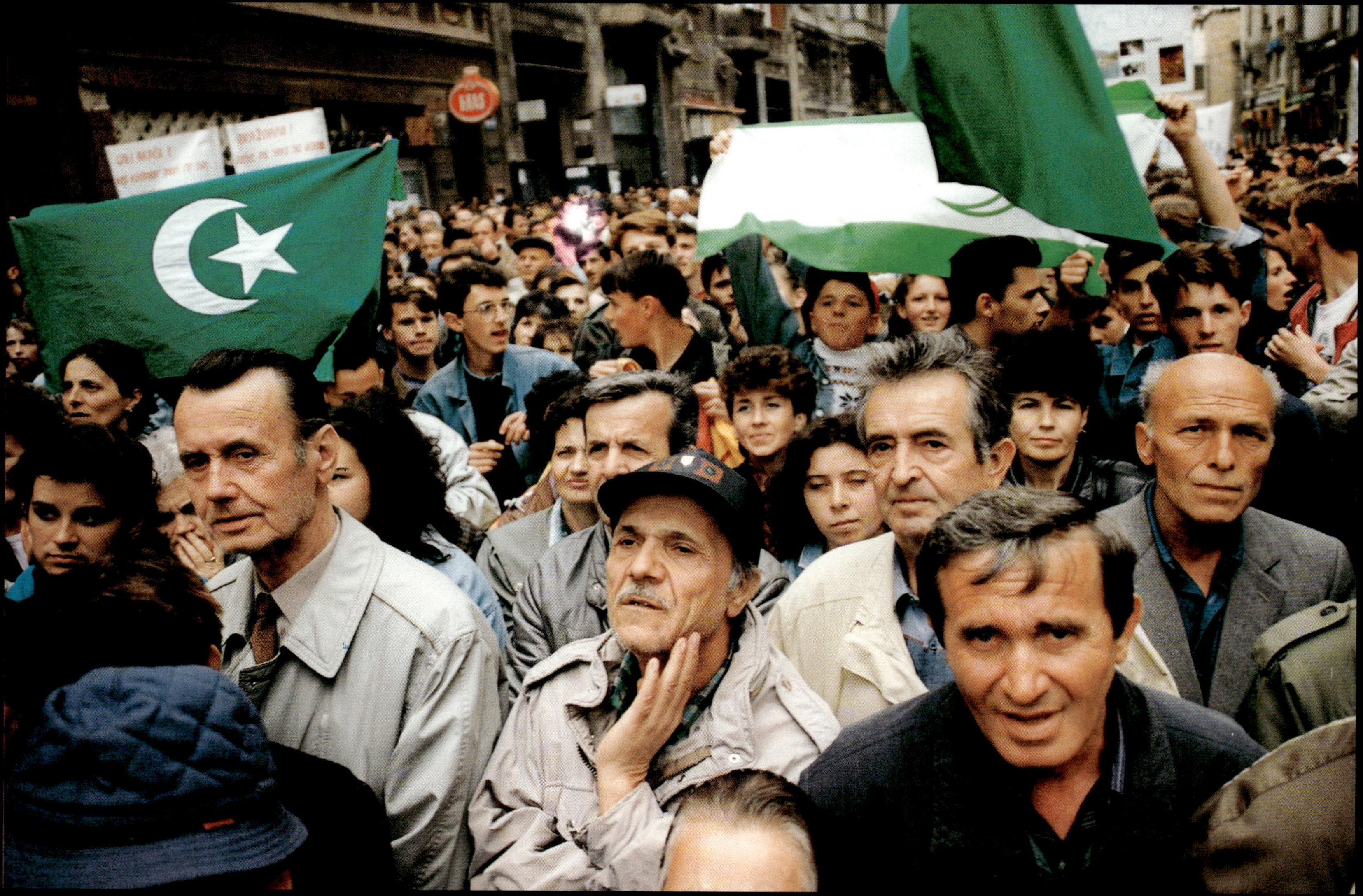

„Wir geben Herzegowina nicht auf"

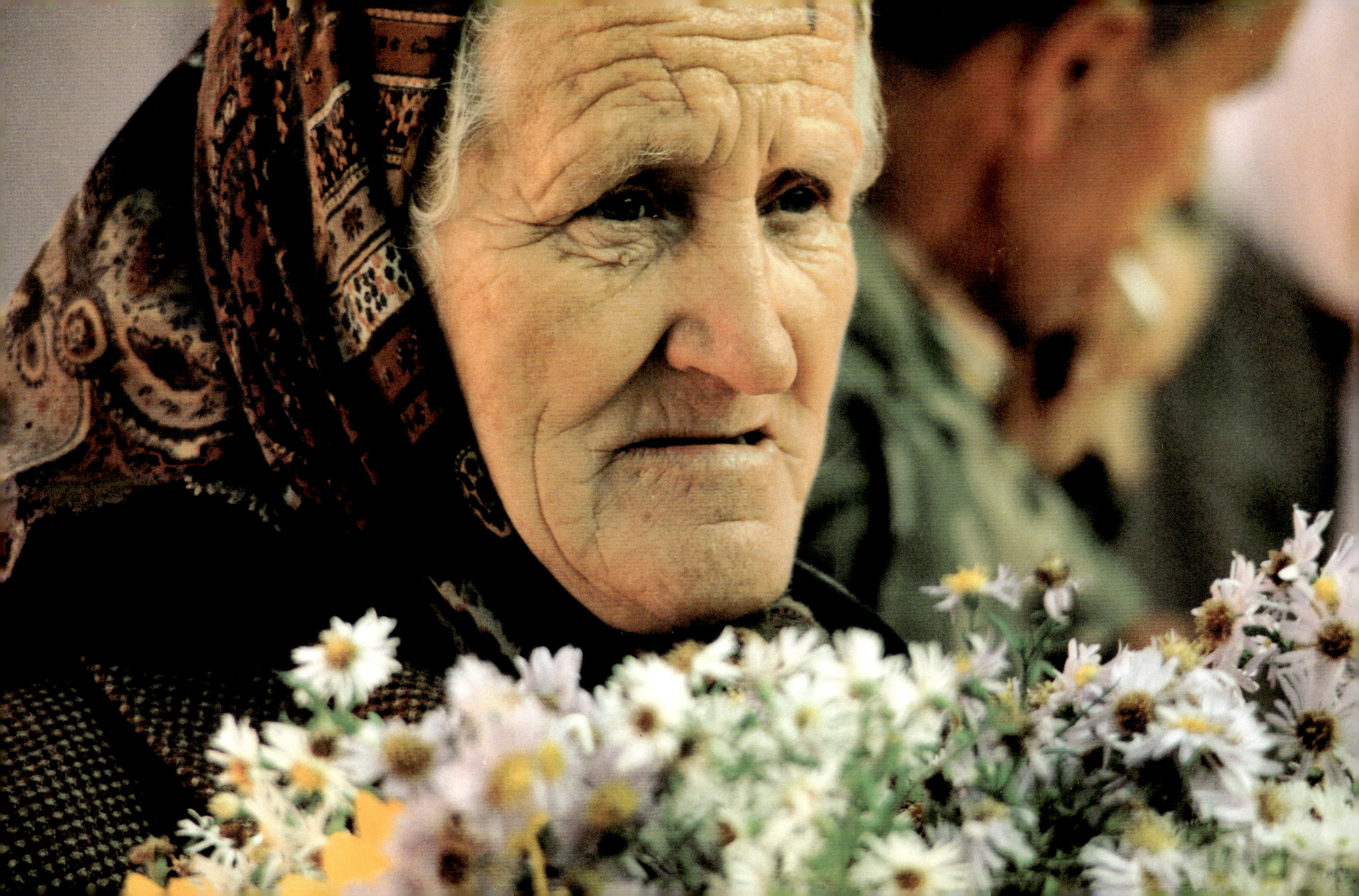

Zum Weltfrauentag
am 8. März die Blumen.

Und auch sonst:

Blüten aus granaten-
bedeckten Gärten für die
Hochzeit.

Papierblumen für Geburts-
tage und andere
Erinnerungen.

Plastikgebinde für die Toten.

Fünf Mark für einen Strauß
sind eine Monatsrente.

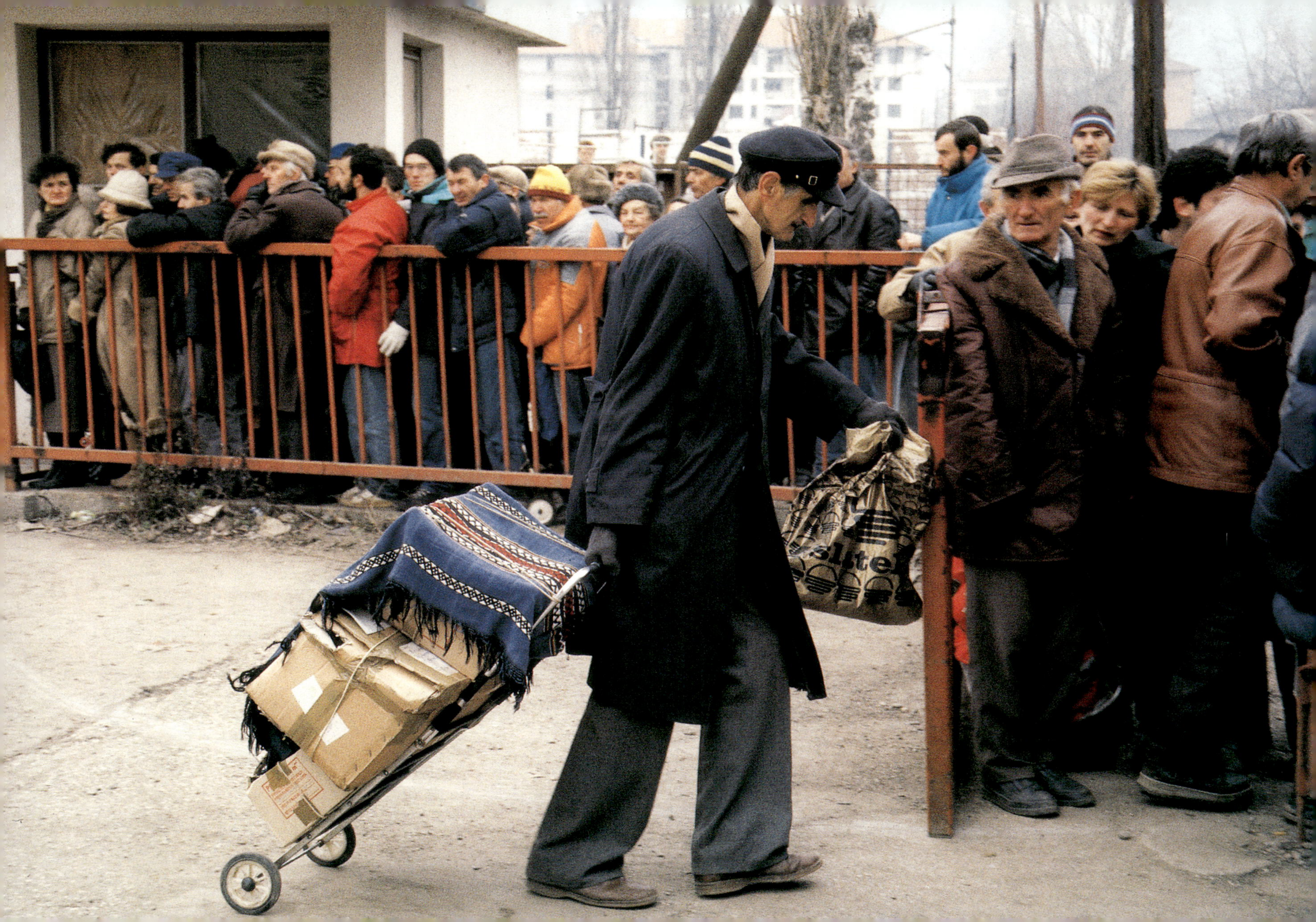

Zehn Mark im Monat für Kriegskrüppel. Ausgezahlt in wertlosen Dinarbonds.

Freie Fahrt in Bussen und Straßenbahnen, die zerschossen auf der Strecke liegen.

Die Prothesen-Werkstatt ist überfordert: Zu wenig moderne Technik und Material. Zu viele Männer, Frauen und Kinder ohne Arme und Beine.

Angepaßte Prothesen müssen schon nach wenigen Wochen neu angepaßt werden. Die immer mageren Stümpfe scheuern sich wund.

Bei Kriegsende hat Sarajevo allein 285 amputierte Kinder.

Stup zwischen dem restlichen Stadtrand und Ilidja.

Die letzten Ruinen vor der Einfallstraße nach Sarajevo.

Fünf Tage Front.
Drei Tage Urlaub, um die Familie zu versorgen.

Stup ist überwiegend bosnisch-kroatisch. Verteidigt von Moslem-Einheiten.

Die katholische Kirche wird gleich zu Kriegsbeginn von serbischer Artillerie zertrümmert.

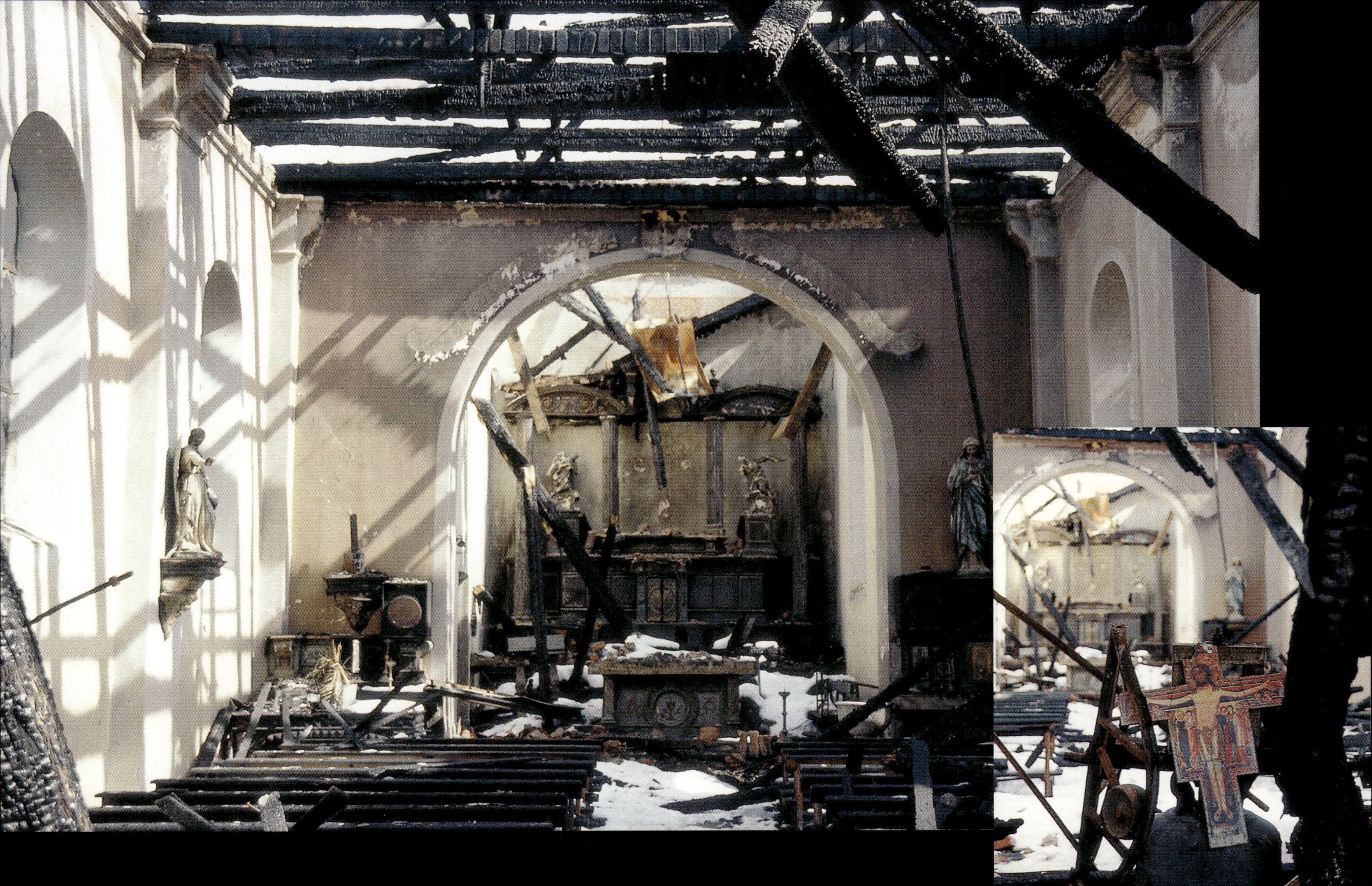

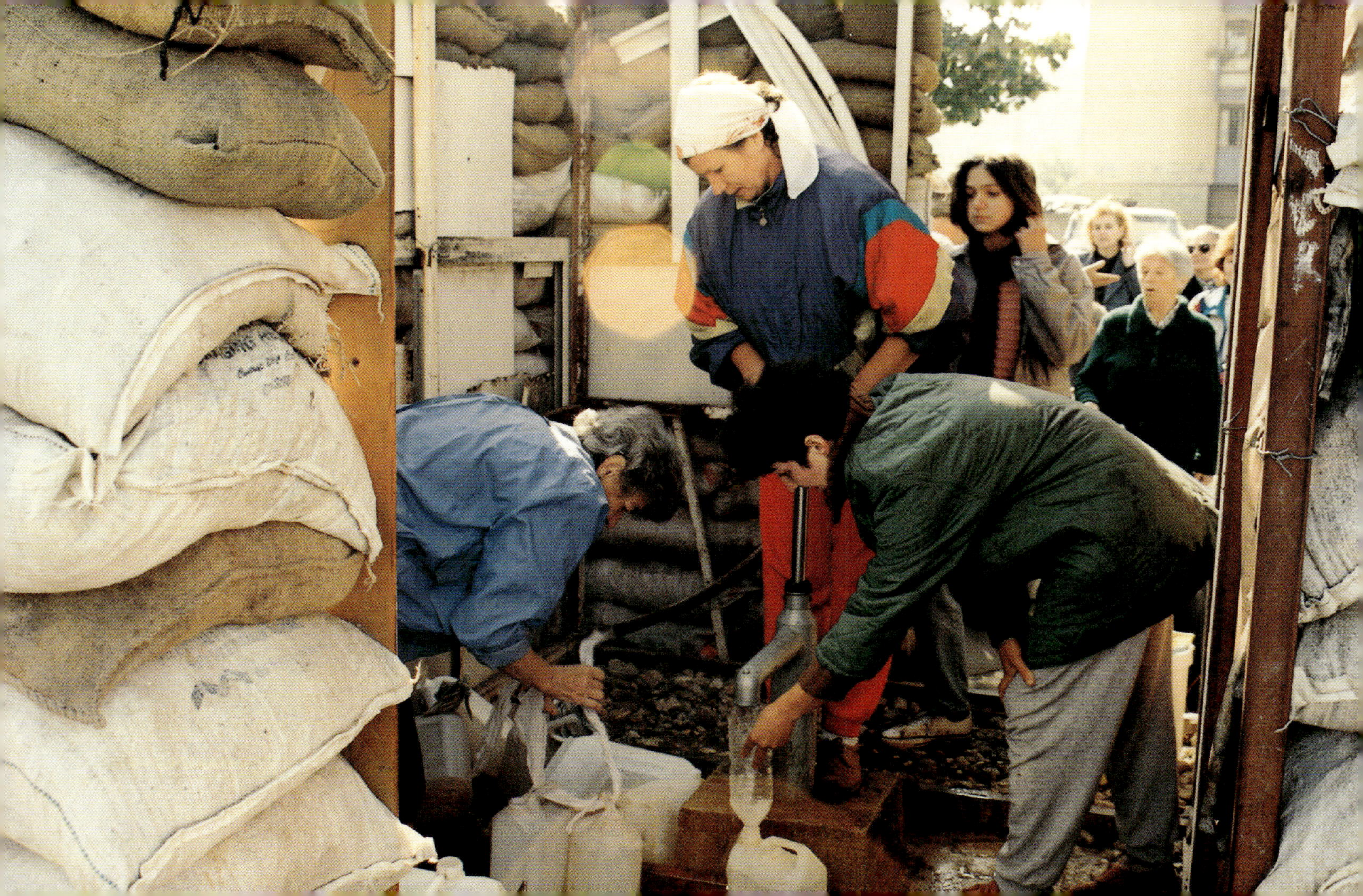

Irgendwann und nach all den Toten werden die wichtigsten Wasserstellen mit Sandsäcken geschützt.

Die religiöse Tradition der täglichrituellen Reinigung ist längst schon zerschossen.

Wasser wird zum Ereignis:

e weiten Friedhöfe sind Schußschneisen
für Scharfschützen.

den kurzen Waffenstillstandsversuchen
oft der einzige Spielplatz der Kinder.

Mit ihren Puppen leben sie Familien,
die es nicht mehr gibt.

Die Kinder-Psychologen sagen:

„Jetzt haben wir nur ein paar Fälle.
Angstträume und Bettnässen und so.
Die vielen verletzten Kinderseelen
kriegen wir erst nach Jahren zu spüren.

Zu spät."

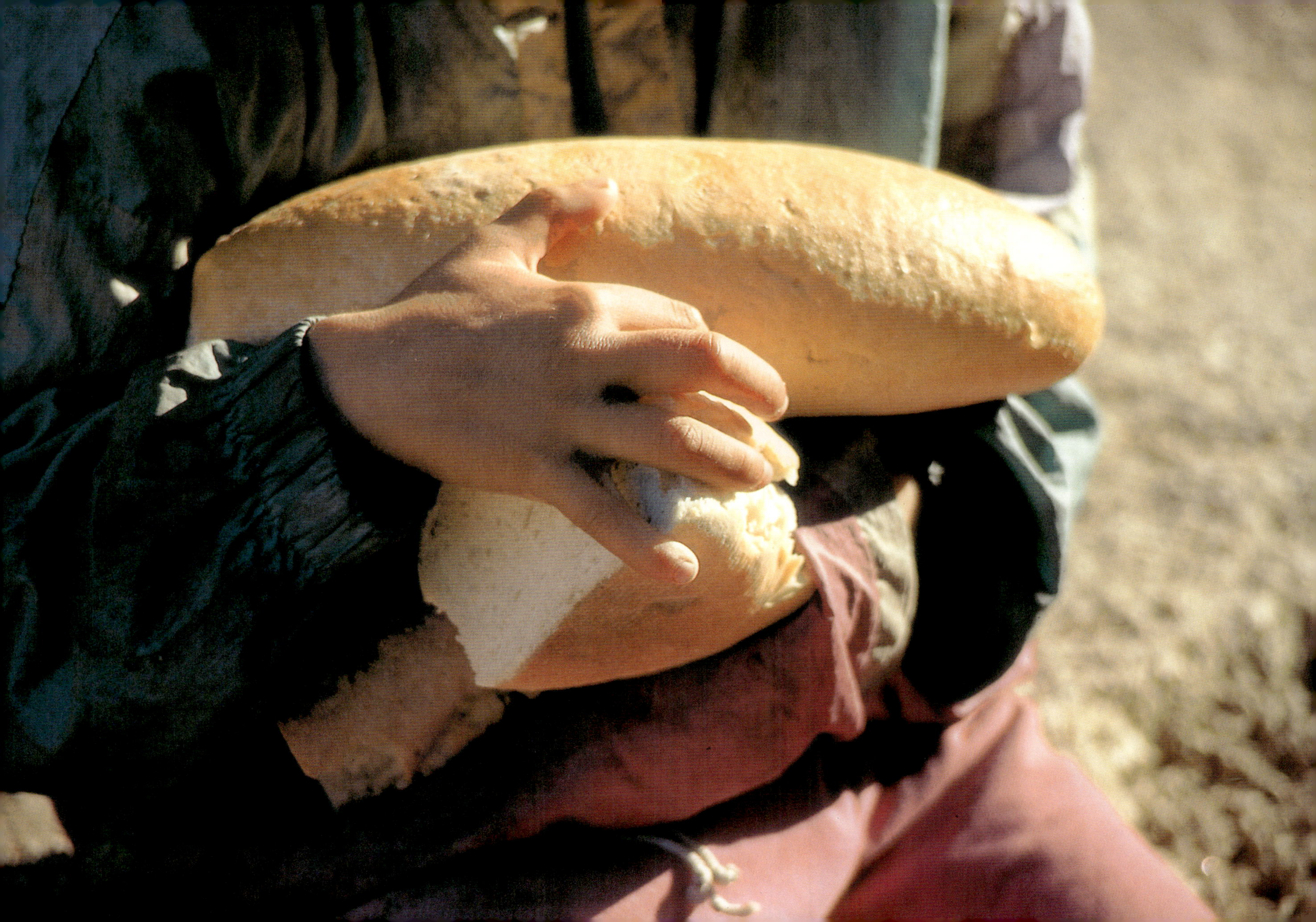

Ein Brot sind
fünfhundert Gramm UN-Hilfe.

Ein Viertel davon pro Mensch.

Kostenlos gegen Bezugsscheine.

Die Großbäckerei kriegt Sonder-Strom
und klare Befehle:

Armee und Krankenhäuser zuerst.

Private Bäcker mit geschmuggeltem
Mafia-Mehl werden wohlhabend:

Drei Mark das Brot.

Die Kriegs-Statistik registriert ein
durchschnittliches Einkommen
von zehn Mark
im Monat.

Die Alten in Sarajevo.
Mehr als 60.000 und davon
40.000 an der Überlebenskante:
Allein. Krank.
Oder unbeweglich mit zwei oder auch
vier Mark Rente.

Die ist um Monate verzögert.
Alte belasten eine Kriegsgesellschaft.
Sie leben von gelegentlichen
Hilfspaketen und den Nachbarn.
Die lassen sich auch schon mal das
Wasserholen bezahlen.

Ärzte kommen nicht.

Zum Krankenhaus bringt sie niemand.

Im Oktober 95 bittet das
ARD-Mittagsmagazin um Hilfe für die
alten Menschen:
Zusammen mit der Johanniter-Unfallhilfe
werden die „Suppenküchen für Sarajevo"
eingerichtet.
Zwei in der Stadt.
Eine bei den Serben.

Es gibt auch serbisches Elend.

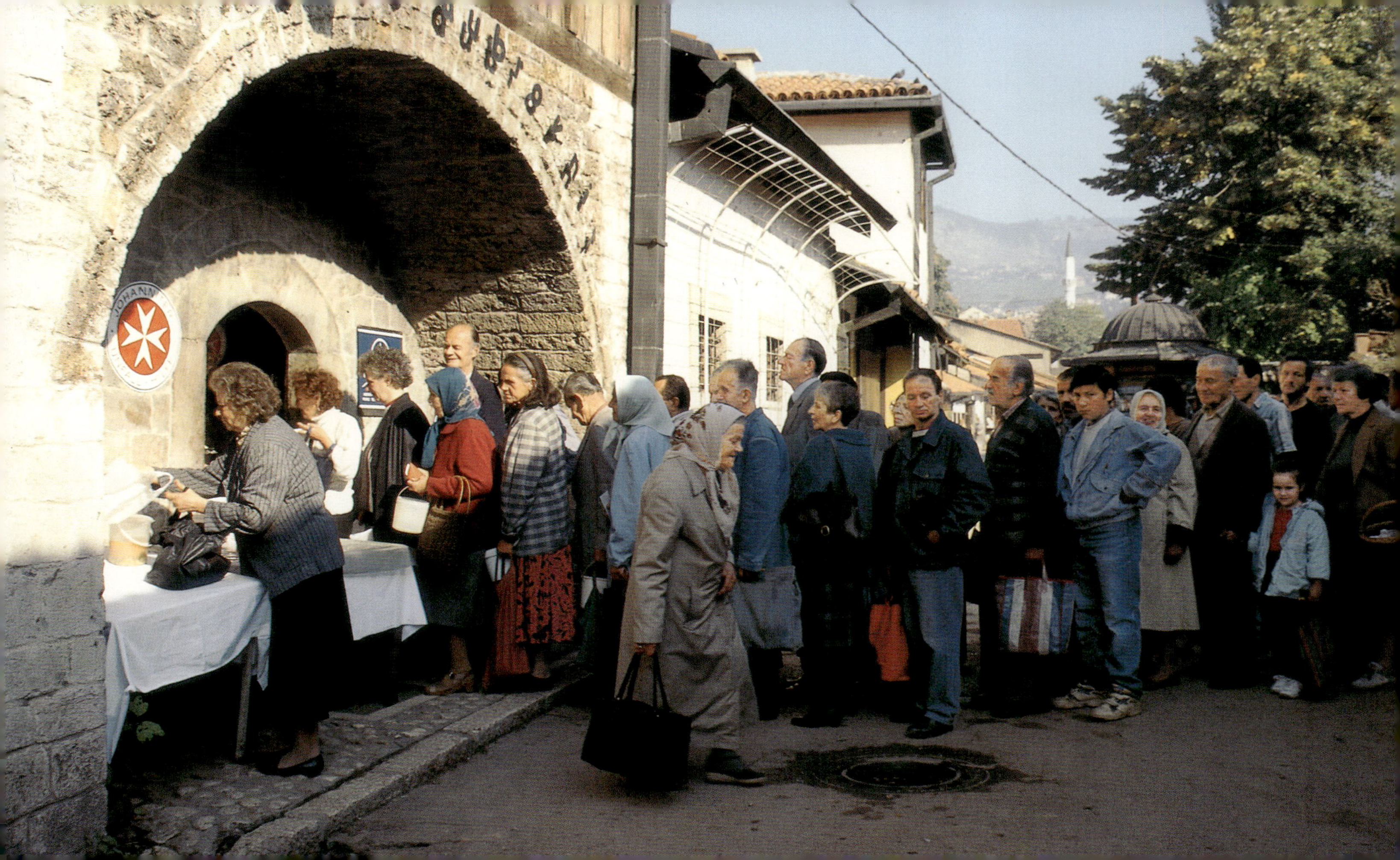

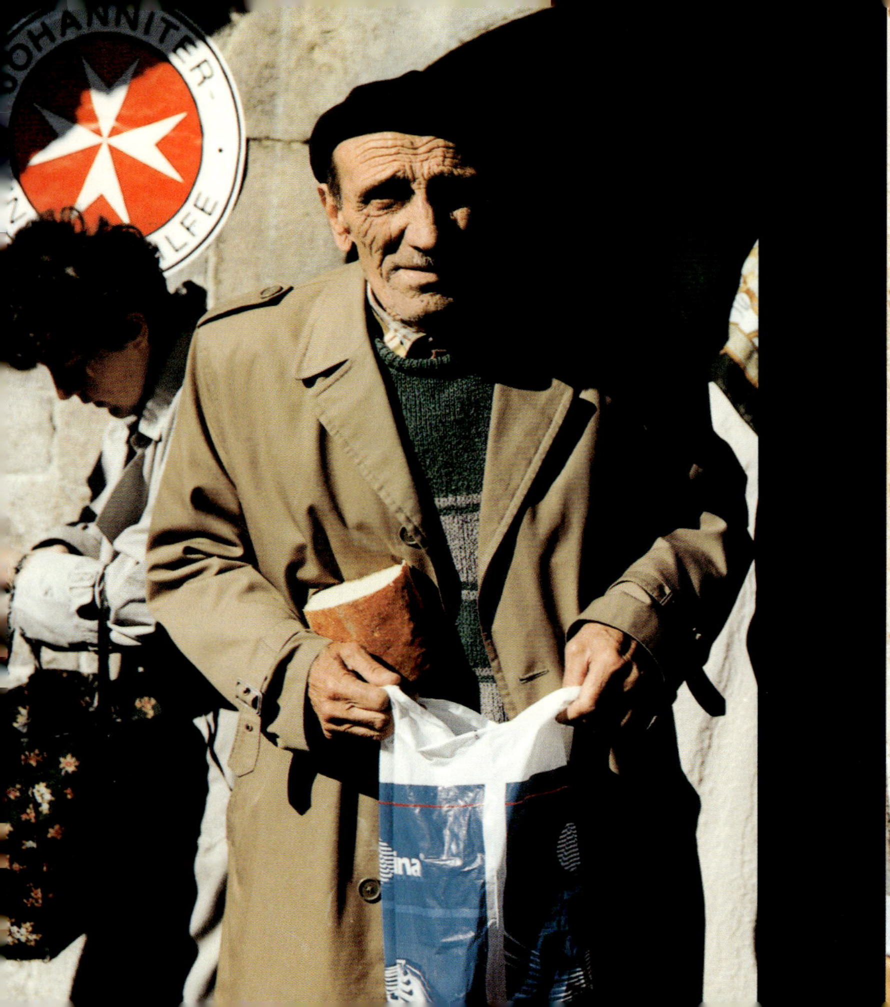
JOHANNITER-

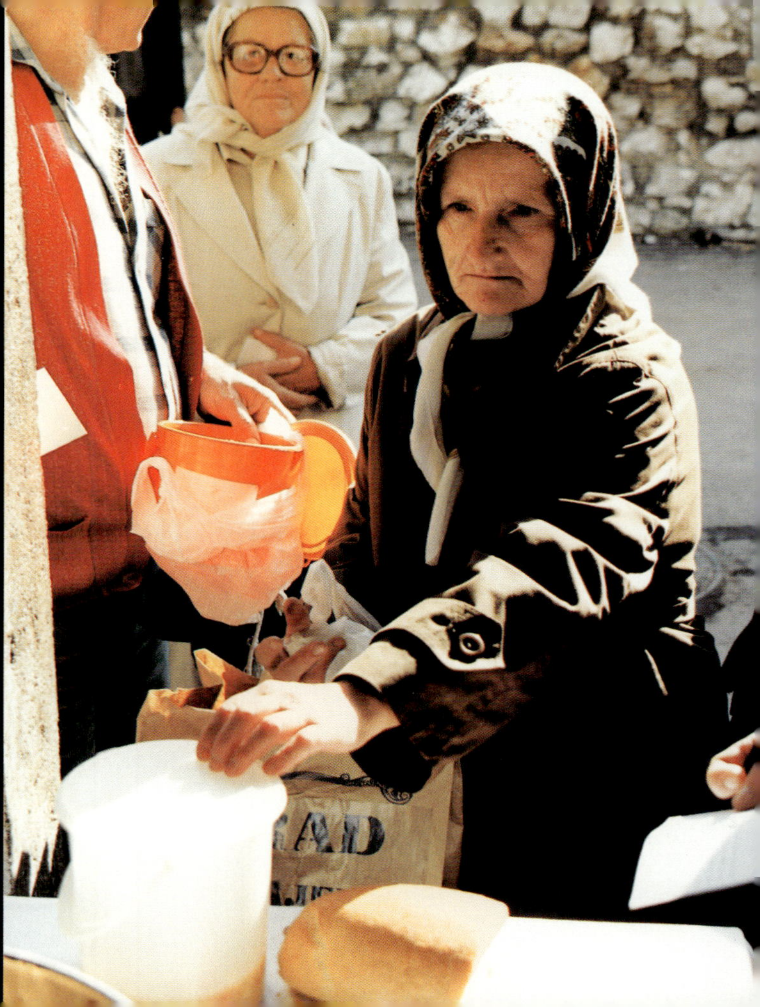

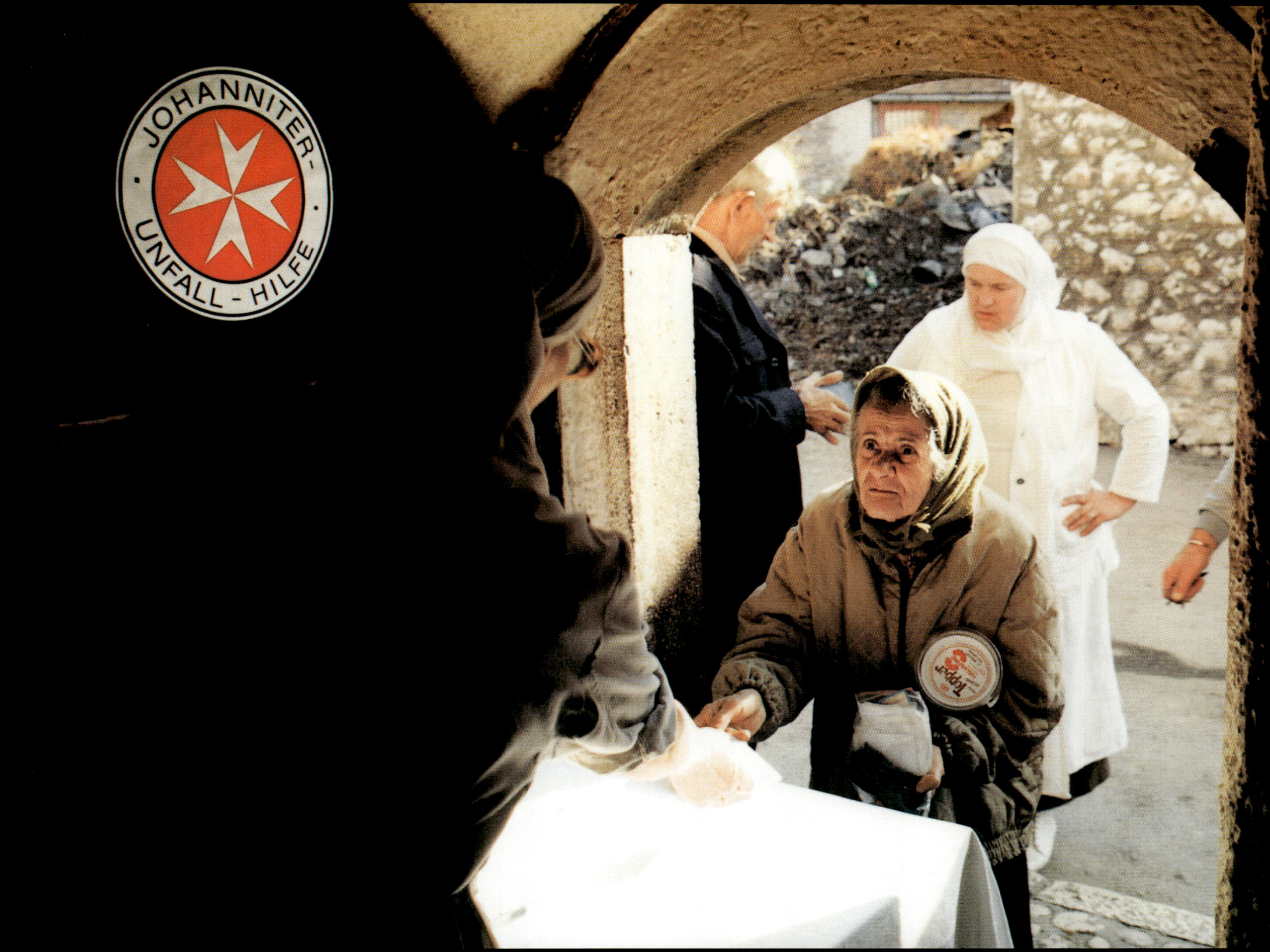
JOHANNITER-
UNFALL-HILFE

Eine warme Suppe
mit irgendwas
am Tag.

Wer nicht über die
Gemeindeliste registriert ist,
kriegt trotzdem.

Das Brot ist abgezählt.
Aber gestorben wird immer
und ein Kanten frei.

Aus der Suppenküche wird eine
mobile Versorgung für Kranke
und ein tägliches Holzpaket
und Ärzte und Schwestern in
VW-gespendeten
Allrad-Bussen.

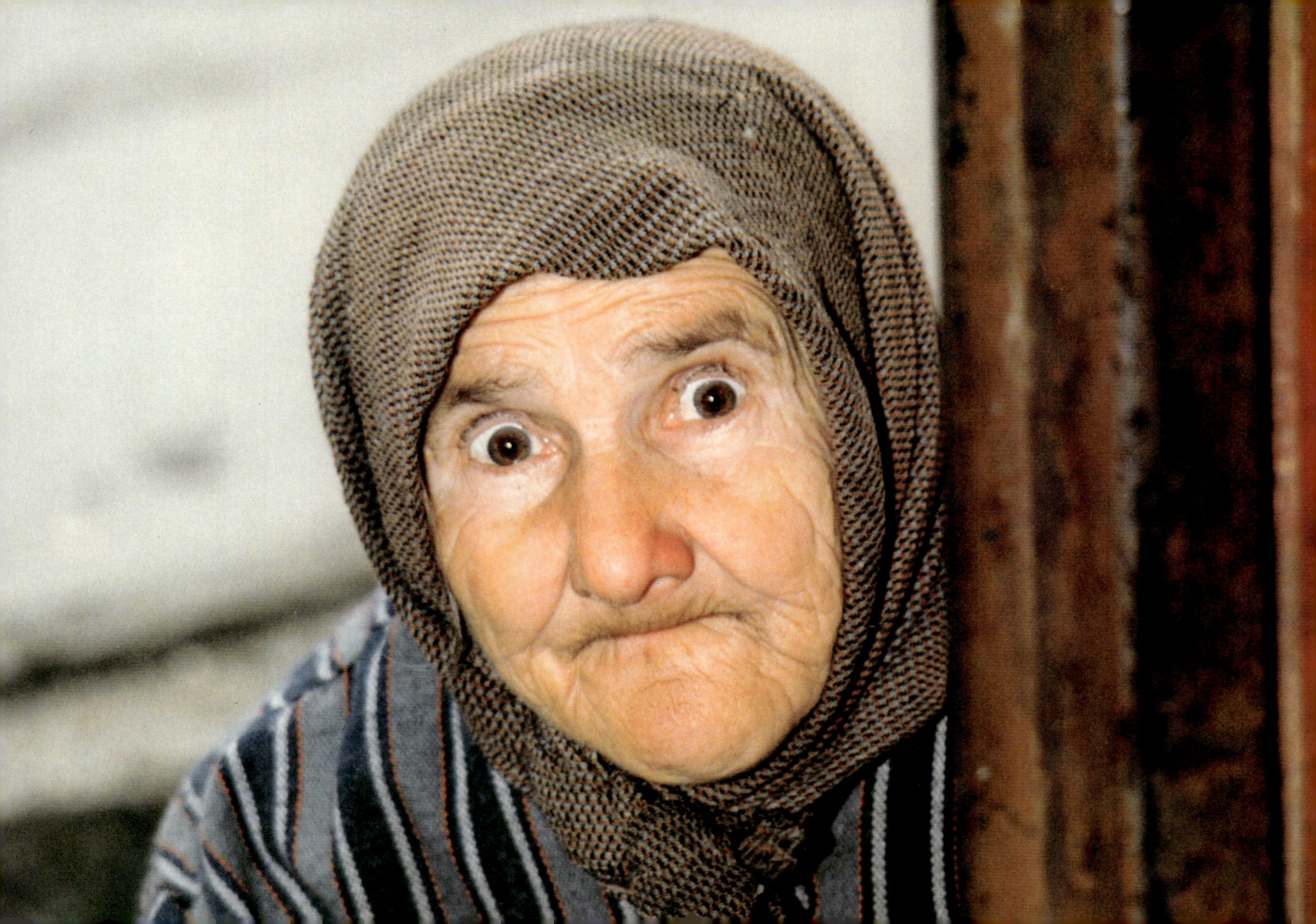

Nach dem Mittagessen die Granate: „Wir waren alle draußen vor dem Haus. Wir werden das zunageln und aufräumen und weitermachen. Aber mittags ist eine schlechte Zeit. Da gehen wir raus."

Eine Scharfschützen-Ecke, an der jeden
Tag die internationalen Fotografen
auf das Honorar zielen:

„Ich gehe über die Straße
und das sind nur ein paar Meter
und ich weiß nicht,
daß hier Scharfschützen sind,
weil ich zum ersten Mal
hier gehe und das Schild
nicht gesehen habe,
ganz oben links,
Achtung Scharfschützen,
das sagen sie dir erst,
wenn du drüben bist."

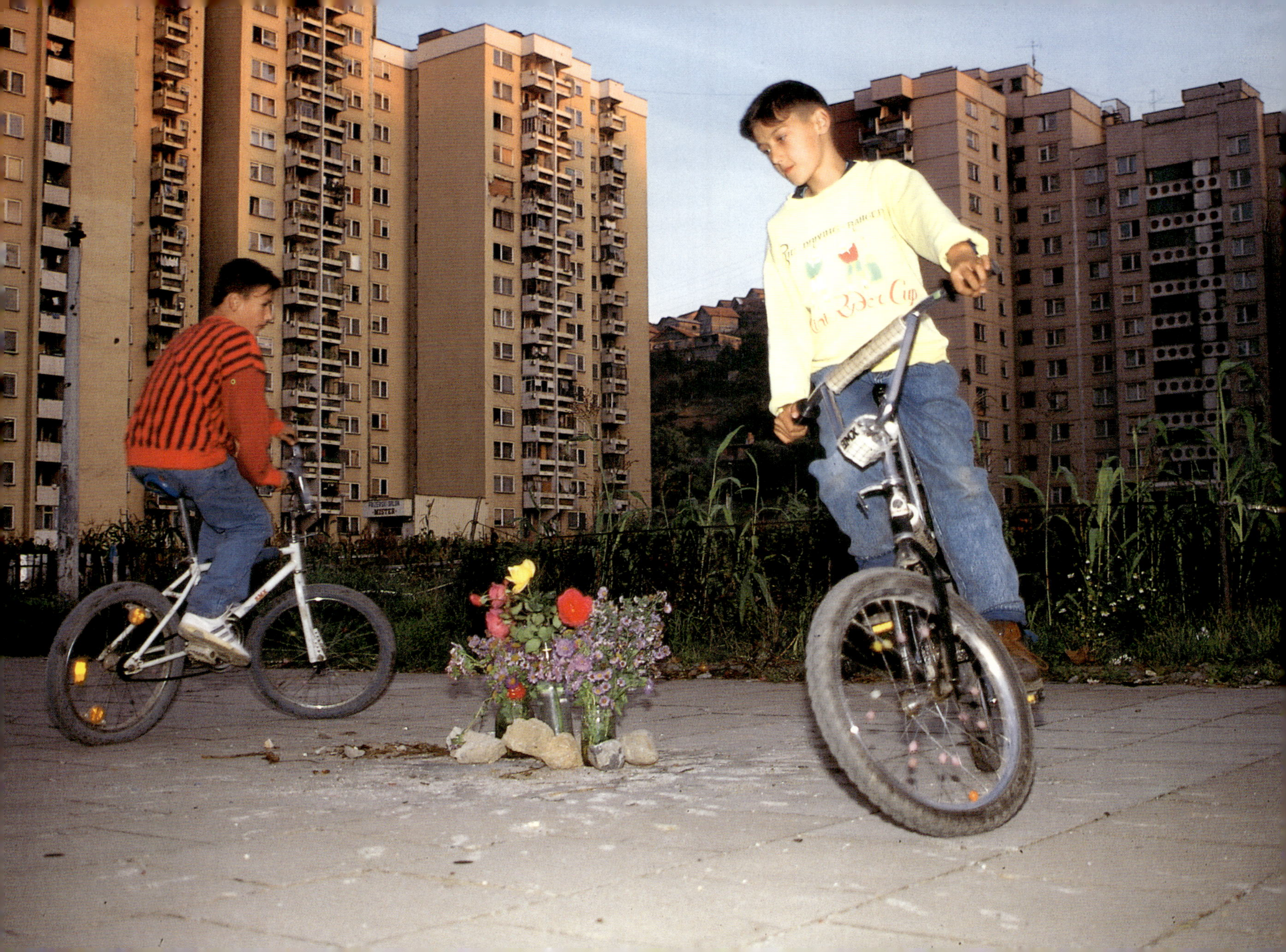

Eine Granate auf dem Heimweg einer
Familie: Vater. Mutter. Tochter. Sohn.
Die Nachbarn haben den Krater mit
Blumen bedeckt.

Das Haus hat dreißig Wohnungen und eine davon ist wieder hingezimmert und gestohlen mit den Fenstern aus der Wohnung 14 und den Türen aus Wohnung 11, und den Schränken aus Wohnung 3, und mit der Kloschüssel aus Wohnung 9.

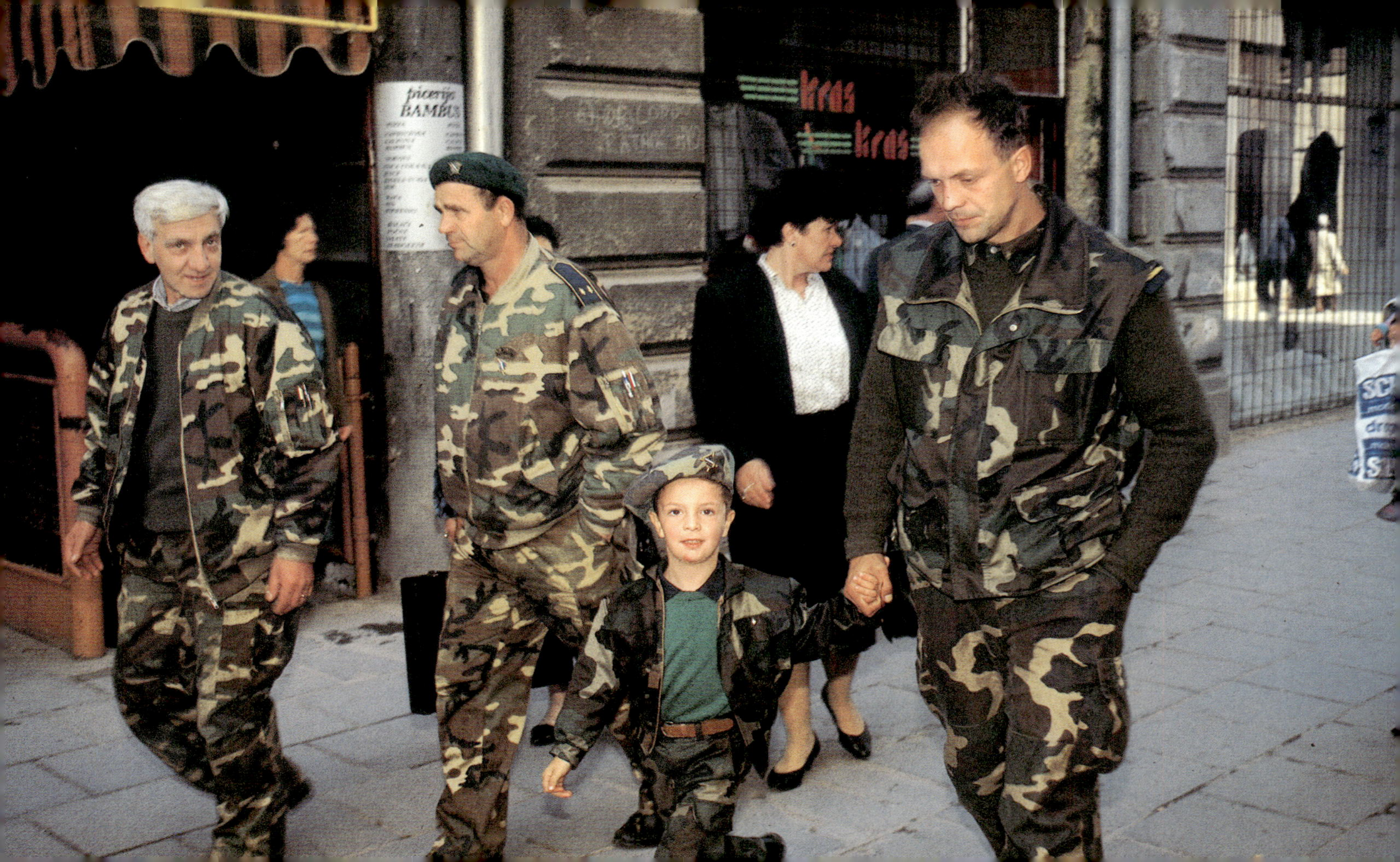
picerija
BAMBUS
kras
kras

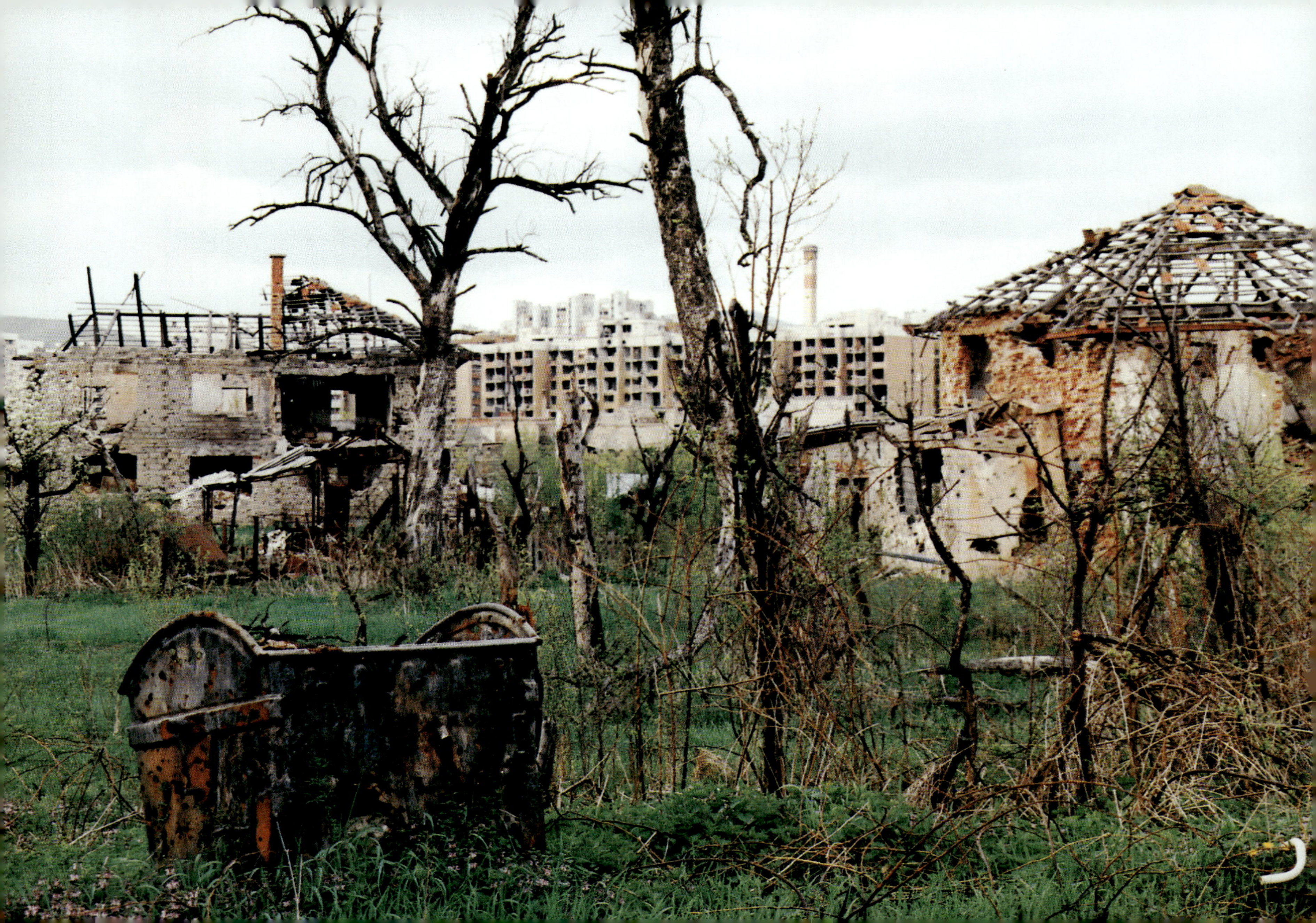

In Bosnien
sind etwa 120000 Wohnungen
und Häuser zertrümmert.

Jede zweite Wohnung in Sarajevo
ist beschädigt
oder verloren.

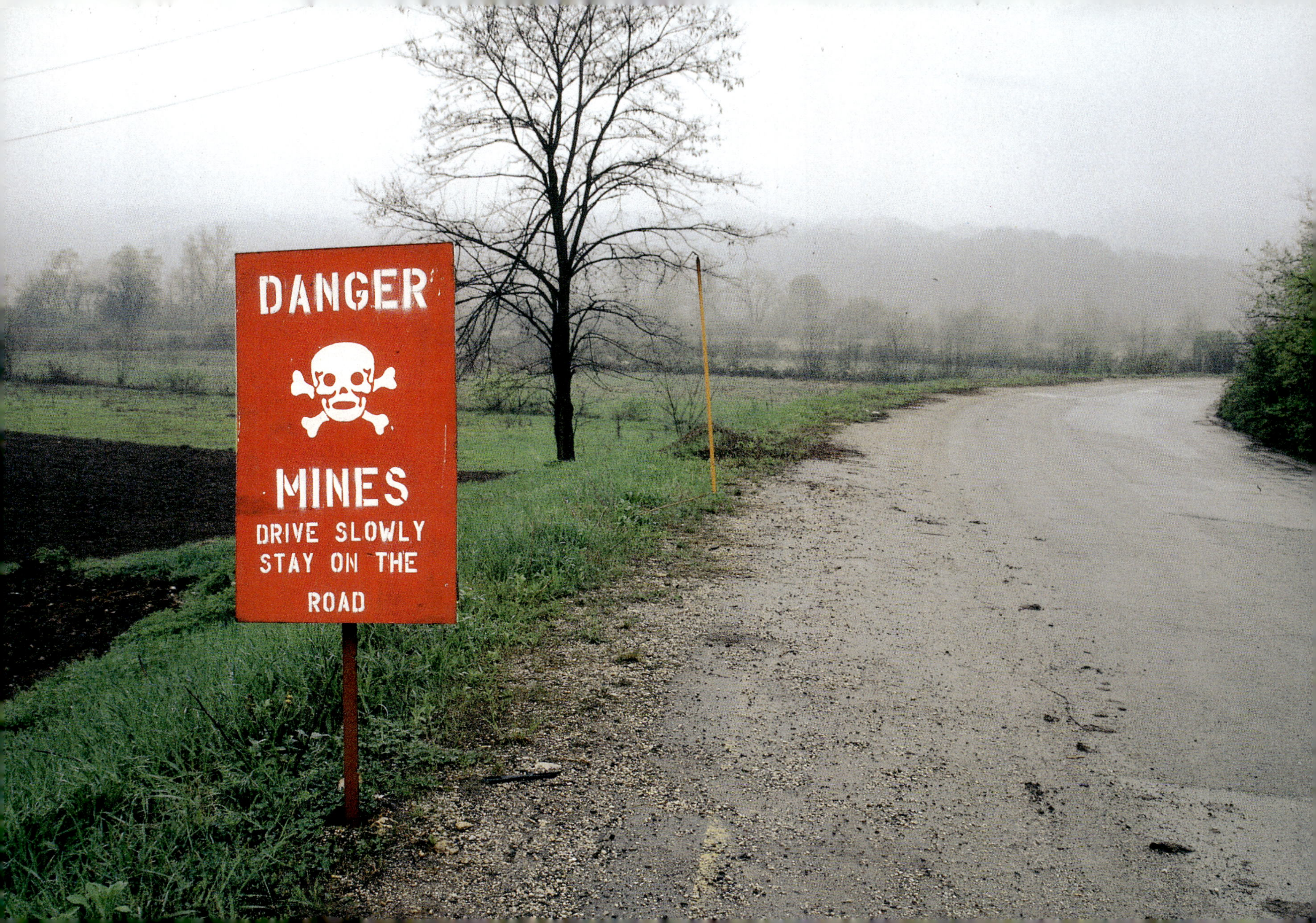
DANGER
MINES
DRIVE SLOWLY
STAY ON THE
ROAD

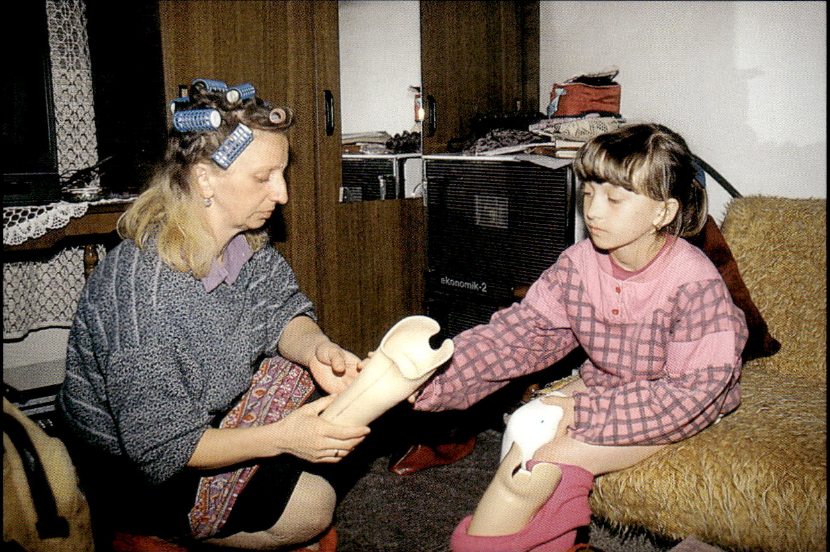

Eldina und ihre Mutter.

Irgendwann wird das Haus zur Front und vermint.

Irgendwann kommt die Elfjährige zurück zu den Frühjahrskirschen.

Eldina wünscht sich für ihren verlorenen Fuß eine kosmetische Prothese.
Sie möchte wieder Röcke tragen.

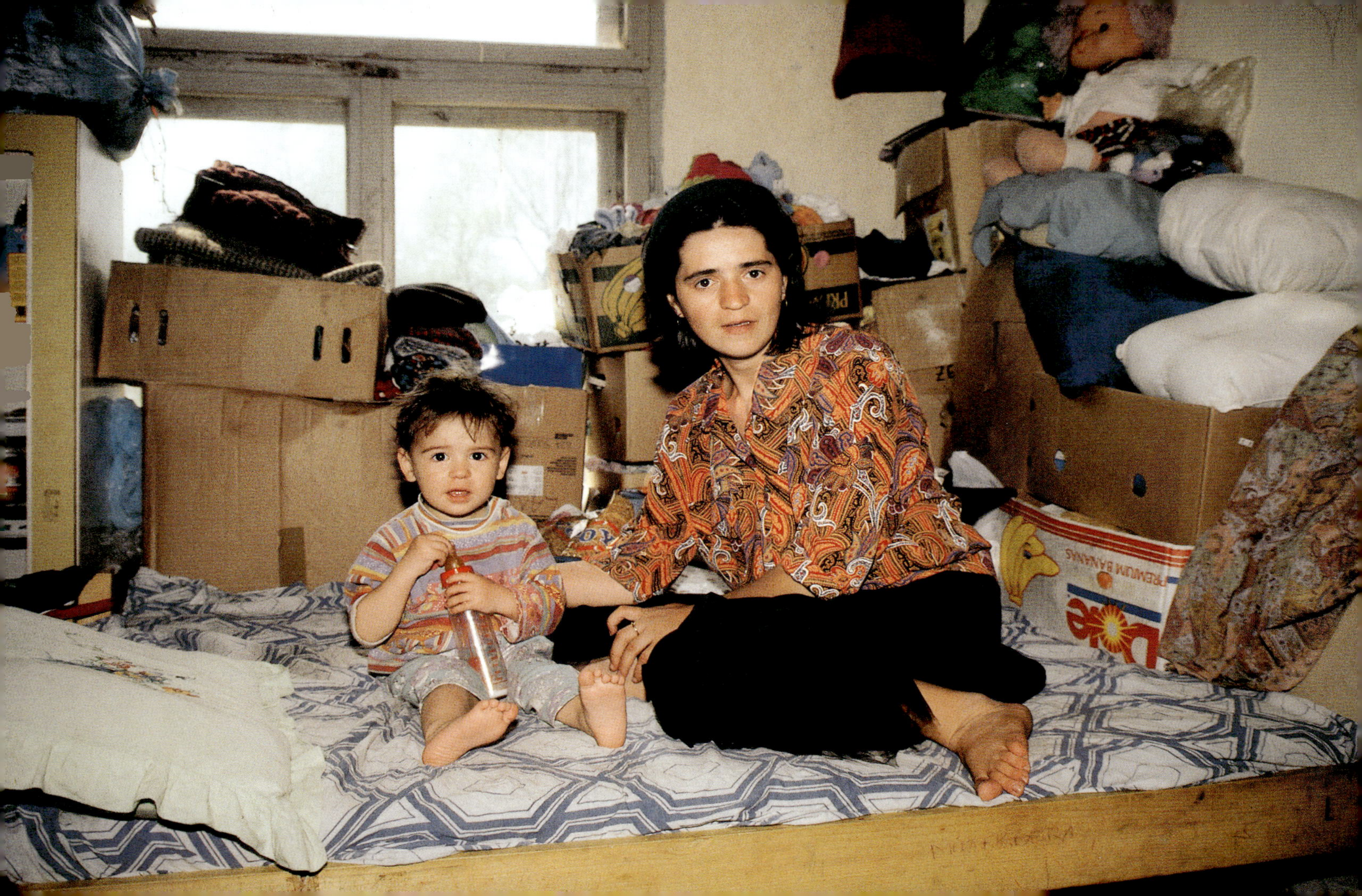
PREMIUM BANANAS
Dole

Bosnische Flüchtlinge.
Der Krieg hat sie vom Land
in die Stadt gedrängt,
die sie immer schon
abgelehnt hat:

Bildungs-Defizite und
arbeitsschwielige Hände
gegen die traditionell
urbane Arroganz.

Verstaute Hilflosigkeit in
einem Kindergarten.

Ohne Küche. Ohne Bad.

Sarajevo erstickt an 120 000
Flüchtlingen.

Vom Lernen im Krieg:

Die 64 Grundschulen in Sarajevo sind zerstört.

Oder Flüchtlingsheime.

Oder Kasernen.

Die 30 Mittelschulen angetrümmert oder völlig ruiniert.

Der Universität fehlen die Studenten an der Front und fast alle Räume.

Aber jedes Kriegsjahr werden Not-Examen in Privatwohnungen durchgesetzt.

So gut wie alle kommen durch.

Die wenigen, die es nicht schaffen, sind gefallen.

„Otes ist befreit."

Im Vorort Otes waren Kroaten und Moslems die Mehrheit.

- SIRUP 1,5 l 6 DM
- 4 DM
- ĐEM 750 gr 3 DM
- ULJE
- SIRUP 1,3 l 5 DM
- Floriol
- ĐEM 3,5 kg 11 DM
- KOCKA Š. 2,50 DM
- MLIJEKO 5 DM
- ARGETA 1,50 DM
- ČOKOLADA
- br-bi 3 DM
- KAFA 1kg 10 DM
- SIRUP ... = 5 DM
- SIRUP 1l 4 DM
- ULJE 2,25 DM
- MLIJEKO U PRAHU 1kg 5 DM
- ŠEĆER 1,50 DM
- KAFA 1kg 10 DM
- FETA SIR 250g 1,50 & 1,20 DM
- PAVLAKA 1 DM
- VIKINGPUTER 500g 4 DM
- SALAMA 1kg 10 DM
- GAUDA 1kg = 9 DM
- EDAMER 1kg = 8 DM
- ČOKOLADA 100

Drei Jahre Krieg.

Schmuggel. Korruption.
Und Wirtschafts-Mafia.

Trucker, die dreißig Tonnen über den Berg Igman frachten und den Beschuß überleben, kriegen fünftausend Mark. Wer Geschäfte durch den engen Tunnel unter der Flugpiste beliefern will, gibt die Hälfte an die bosnische Armee.

Die Preise zerreißen Sarajevo in zwei Klassen. Die beziehungssatte Schickeria, die mit internationaler Mode als Großkunden die Feuerpausen belebt.

Und die ausweglose Masse, die diesen Krieg leidet und das reiche Leben auf den Märkten nicht bezahlen kann.

Zum Todestag von Tito legen sie Blumen aufs ewige Feuer, das nicht mehr brennt, weil das Gas fehlt.

Der Dayton-Plan und so etwas wie Frieden und hier war die Front und drüben spazieren sie, das alles auch, und dazwischen liegen die Minen und es ist immer noch eine ideologisch verbunkerte Front.

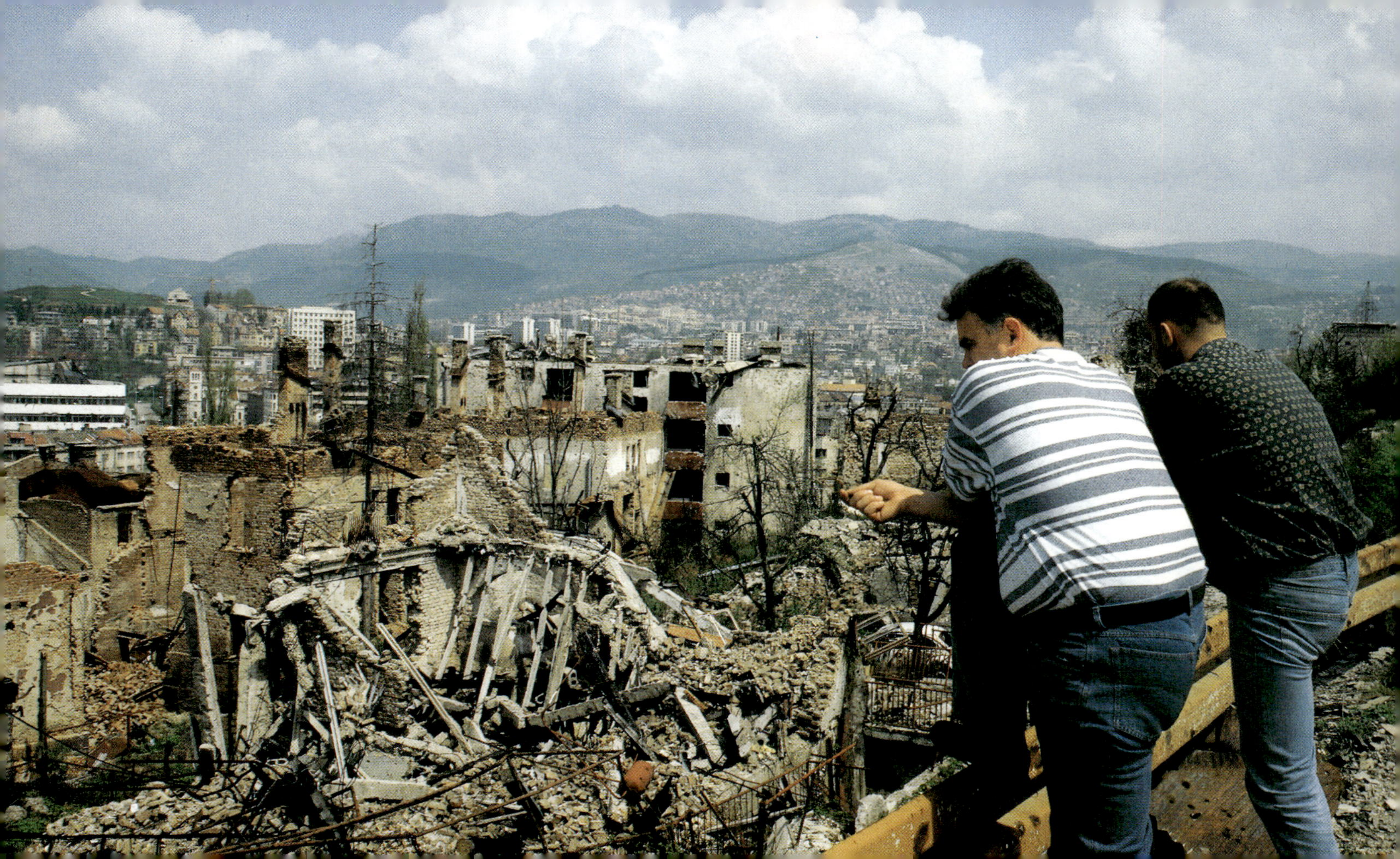

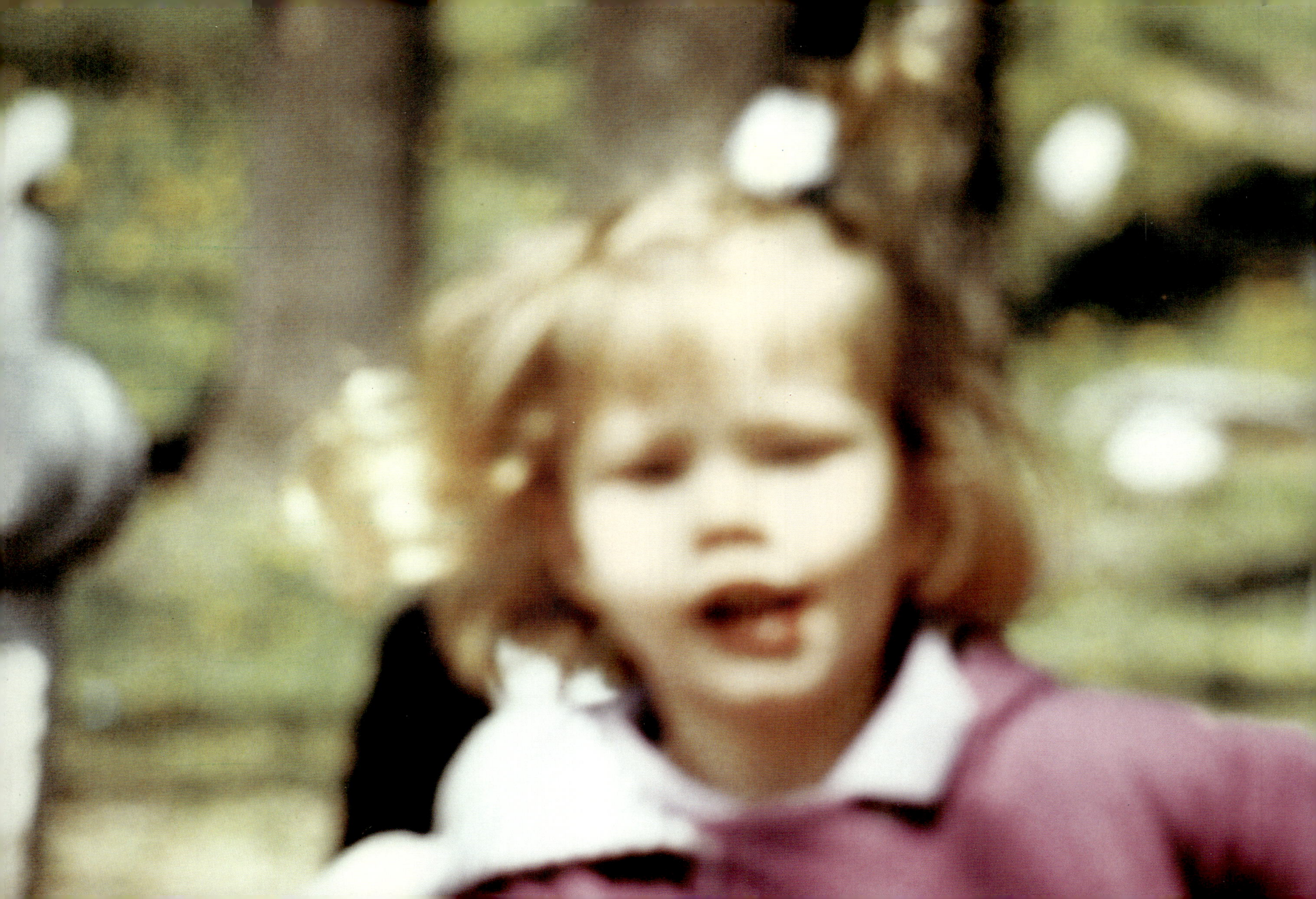

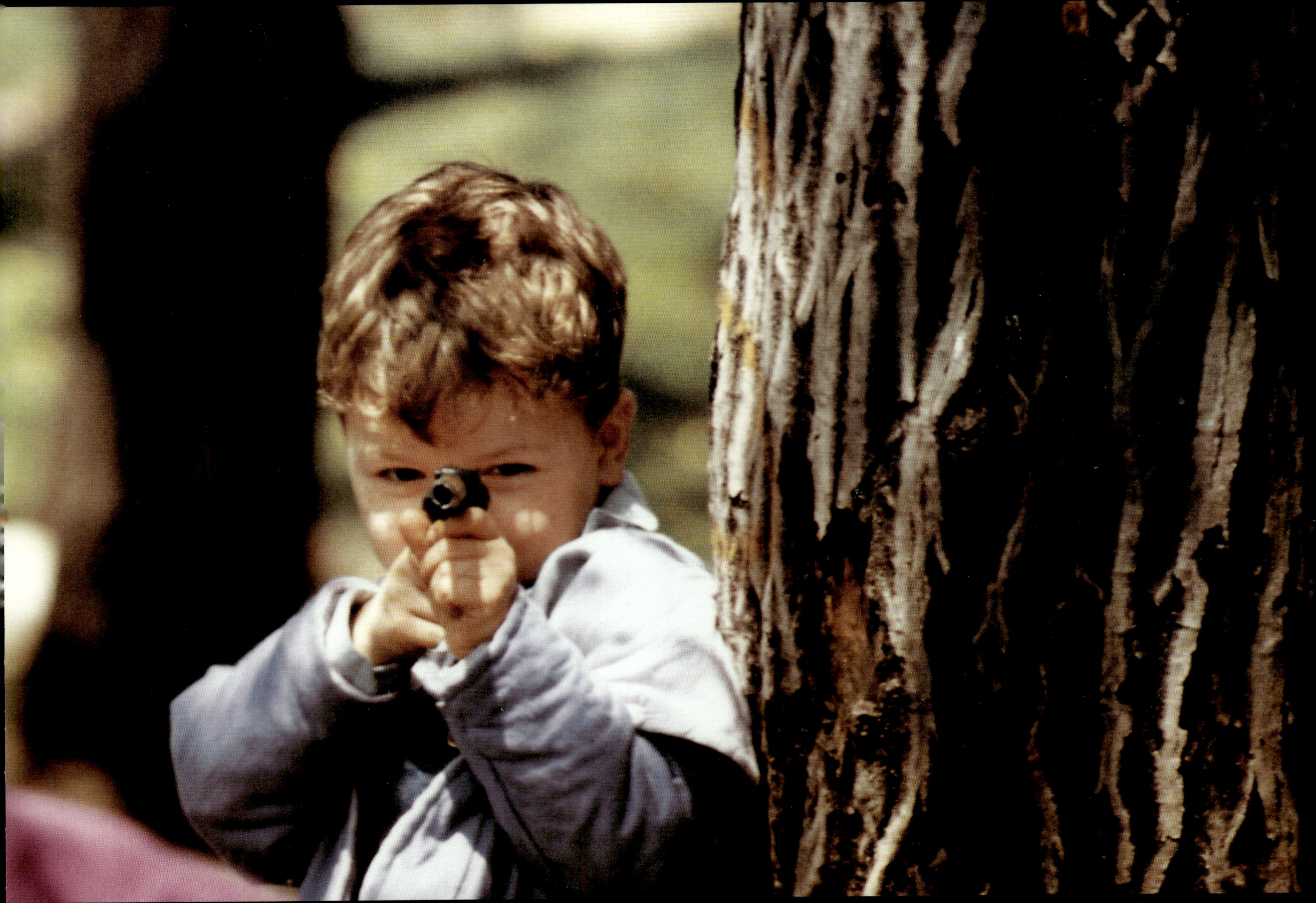

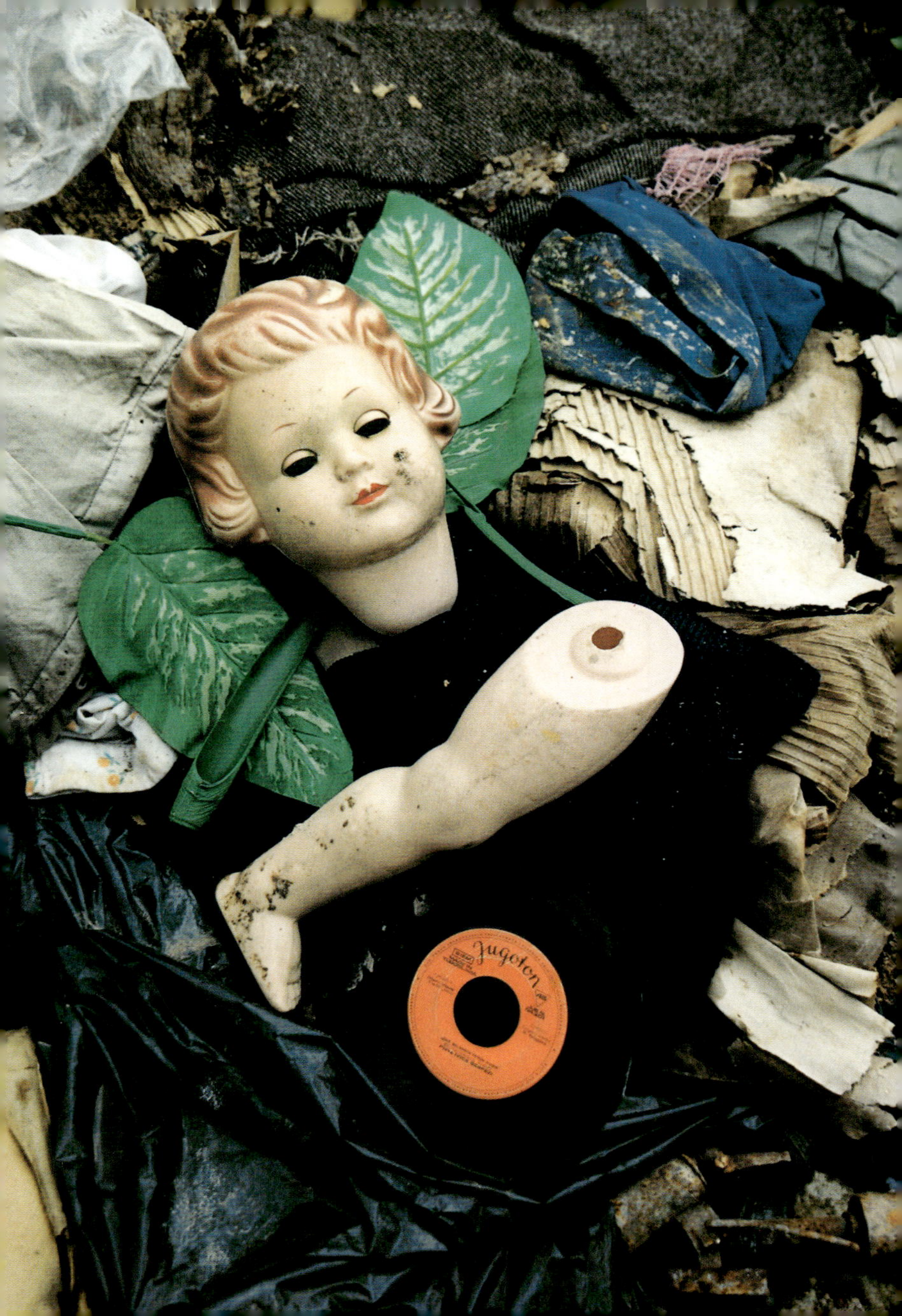
Jugoton

Gegen Mittag
kommen sie die Straße rauf,

zum ersten Mal
nach vier Jahren Krieg,

und sie kehren das zerstörte
und verlorene Leben
zu müllhandlichen
Haufen.

Eine Schallplatte
aus der Zeit der
verordneten
Brüderlichkeit und
Einigkeit:

„Meine Tränen sind noch heiß."

Die deutsche Bibliothek – CIP Einheitsaufnahme

Help my: Bilder vom belagerten Leben; Sarajevo 1992-1996 /
Friedhelm Brebeck; Ursula Meissner. – Hannover: Reichold,
1996
  ISBN 3-930459-17-5
NE: Brebeck, Friedhelm; Meissner, Ursula

© 1996 Reichold Verlag Hannover
ISBN 3-930459-17-5
Layout und Umschlaggestaltung:
Söhnholz & Hinz, Hannover
Druck: Hahn-Druckerei, Hannover
Alle Rechte vorbehalten